LE COLLÉGE
SAINTE-BARBE-ROLLIN

1828 - 1838

PAR

M. ÉTIENNE-GALLOIS

PARIS

LIBRAIRIE ACADÉMIQUE

DIDIER ET Cⁱᵉ, LIBRAIRES-ÉDITEURS

35, QUAI DES GRANDS-AUGUSTINS, 35

1880

LE COLLÉGE

SAINTE - BARBE - ROLLIN

Le Collége Sainte-Barbe-Rollin est le 5ᵉ fascicule de la publication de Variétés qui a pour titre *Passim;* par M. Étienne-Gallois.

LE COLLÉGE

SAINTE-BARBE-ROLLIN

1828 - 1838

PAR

M. ÉTIENNE-GALLOIS

PARIS

LIBRAIRIE ACADÉMIQUE

DIDIER ET Cie, LIBRAIRES-ÉDITEURS

35, QUAI DES GRANDS-AUGUSTINS, 35

1880

Un ouvrier arboriculteur qui a travaillé pendant dix ans de suite dans une importante pépinière, a eu le temps de l'apprécier. Si humble qu'y ait été sa part de labeur, il a dès lors quelque qualité pour dire ce qu'à ses yeux en valait le terrain, quels fruits promettaient de donner sur le sol qui les attendait définitivement, les arbres qu'il a vus naître et grandir. Dans l'appréciation des fondateurs du collége de Sainte-Barbe-Rollin, ceux de leurs subordonnés qui comprenaient le mieux leur pensée, et les plus compétents pour sa vulgarisation, étaient ceux qui, successivement élèves, maîtres et professeurs dans leur collége même, lui devaient au moins une partie de leur instruction, et leur éducation professionnelle ; qui, en passant par ces phases différentes, s'étaient assez assimilé, pour les transmettre à d'autres, la discipline, la doctrine, l'esprit de l'établissement. Pendant un séjour de dix ans à Sainte-Barbe-Rollin, maître, puis professeur divisionnaire, et, au début, élève de la classe qui sert de couronnement aux autres, la classe de philosophie, j'ai pu voir se succéder une foule d'hôtes dans ce collége, de fondation encore récente alors ; j'ai pu recueillir les traits de bien des physionomies, et, jeune encore au sortir de cette première station, d'assez longue durée, les conserver longtemps présents à mon souvenir.

Entré dans cette maison propice, lorsqu'elle était Sainte-Barbe, et l'ayant quittée lorsqu'elle était Rollin, j'ai vu luire pour elle beaucoup de jours prospères, et j'en ai vu aussi de tristes et désastreux ; j'ai assisté à des succès décisifs et à des revers, m'intéressant d'autant plus les uns et les autres, que j'avais identifié mon existence à la sienne, et cru longtemps avoir attaché au sien mon avenir tout entier. Depuis, mon attention et mon cœur ne s'en sont point éloignés. J'ai vécu longtemps dans son voisinage, cultivé de précieuses amitiés qui y avaient pris naissance, suivi, avec une vive sympathie, dans leurs carrières, ou modestes ou brillantes, de jeunes contemporains, les uns vieillards aujourd'hui, les autres moissonnés par le temps.

Après un demi-siècle écoulé, maintenant que la Ville de Paris, fière de plus en plus et légitimement soucieuse de cet aîné de ses colléges, lui a fait sur un autre point de la capitale une demeure plus confortable encore que la première, j'ai voulu en rappeler les commencements, payer mon tribut de tendre reconnaissance aux deux frères qui l'ont fait entrer, et fixé en bon rang, dans la famille des colléges de Paris; j'ai voulu donner un souvenir à des contemporains qui, élèves, maîtres, professeurs, m'ont paru avoir bien mérité de lui. J'en ai oublié un trop grand nombre, sans doute, et des meilleurs : je leur en demande pardon, à eux-mêmes, ou à leur mémoire, comme je le fais à sainte Barbe et à Rollin pour n'avoir pas célébré plus dignement leur fécond patronage.

LE C

À Pou
famille
l'autre e
Rollin: l
esistence
cienne m
frères fu
de reus
naître e
rieuses
elles s'é

LE COLLÉGE SAINTE-BARBE-ROLLIN

1828 - 1838

I

MM. Nicolle

À Poville et à Fresquiennes, en Normandie, dans une famille d'agriculteurs aisés, naquirent, l'un en 1758 et l'autre en 1767, Charles et Henri Nicolle, à qui le collége Rollin, précédemment collége de Sainte-Barbe, doit son existence et ses premières prospérités. Élèves de l'ancienne maison et communauté de Sainte-Barbe, les deux frères firent d'excellentes études dans cet établissement de renommée plusieurs fois séculaire. L'aîné avait senti naître en lui de bonne heure une de ces vocations sérieuses et élevées qui sont un honneur pour ceux dont elles s'emparent et un bienfait autour d'eux : à Sainte-

Barbe même, dans cette ancienne et vénérée maison de la rue de Reims, près Sainte-Geneviève, où il avait étudié, il ne tarda pas à devenir maître de conférences, puis préfet des études. Il était entré dans les ordres. Mais il avait compté sans la Révolution, qui, en fermant tous les établissements universitaires, obligea l'ecclésiastique de quitter sa patrie, et son frère Henri de chercher, temporairement au moins, un autre emploi de son activité que celui qu'il avait rêvé.

De la race normande ils avaient la persévérance, le courage, la sève et la vitalité. Plus forte que leur tendresse et que le lien d'une commune vocation, la tempête avait pu les arracher l'un à l'autre; mais ils comptaient bien que ce ne serait que pour un temps, qu'ils se retrouveraient un jour ensemble, moins jeunes, moins ardents, il est vrai, mais plus expérimentés, plus aptes à réaliser leur premier dessein, à faire éclore d'heureux fruits de la fraternelle association qu'ils avaient projetée.

L'abbé alla chercher un asile en Russie. Il se crut moins dépaysé au milieu d'une nation qu'il savait passionnée pour notre langue, nos mœurs, notre civilisation, et avide de se les assimiler. Bientôt il reconnut que son irrésistible entraînement vers la jeunesse pour l'instruire et la diriger, trouverait là un essor encouragé, et même, consolation inespérée dans son exil, que, loin de la France, il pourrait servir encore la France, en faisant bénéficier de son aptitude spéciale et de son ardeur professionnelle, de jeunes compatriotes, comme lui réfugiés en Russie. Là, en effet, il fut distingué et aidé dans sa voie de prédilection par un Français, expatrié aussi, dont le cœur n'avait point cessé de battre pour la France. C'était le duc de Richelieu, qui avait été honoré par le czar Alexandre et le souverain précédent d'un intérêt et même d'une amitié dont il faisait profiter ses compagnons d'exil, en attendant qu'aux jours désastreux qu'on pouvait prévoir il fût à même d'en faire profiter son pays tout entier. Le noble exilé se fit le patron spontané de l'abbé Nicolle; et, sous l'intelligente direction de celui-ci, sous les influents auspices de celui-là, s'ouvrirent et prospérèrent bientôt, à Saint-Pétersbourg, une maison d'éducation pour de jeunes émigrés, et dans la ville, nouvellement fondée, d'Odessa, un collège, où un grand nombre d'autres vinrent apprendre la langue, la littérature, l'histoire de leur patrie, et se rendre dignes de la servir plus tard, après avoir fait de leur séjour sur la terre étrangère un temps de sérieuses études et de patriotiques aspirations. En voyant affluer autour de lui cette jeunesse confiante, l'abbé Nicolle reconnut que sa vocation ne l'avait point trompé. Il réussissait au-delà de son attente. Mais il ne jouissait pas pleinement de son succès : il était loin de son pays et d'un frère bien-aimé.

Henri s'estimait moins à plaindre. Privé d'un frère qu'il chérissait autant qu'il l'honorait, il ne se sentait pas de force à tenter tout seul, en France, ce que Charles réalisait si heureusement en Russie, sous l'égide d'un influent protecteur. Mais il respirait l'air de la patrie, de la patrie agitée, tourmentée, menacée, il est vrai, mais toujours de la patrie, de ce sol qui n'a rien d'équivalent sur aucun autre, si hospitalier qu'il soit. Son indignation contre les révolutionnaires ouvrit vite un débouché à sa jeune et intelligente activité. Il les combattit dans plusieurs journaux qu'il fonda avec quelques amis de collége, vaillants comme lui, mais, comme lui, choisissant assez mal leurs jours de combat : c'était vers le 10 août, le 21 janvier, le 9 thermidor, le 13 vendémiaire. Dans cette lutte inégale, chaque jour Henri Nicolle aventurait sa vie.

Proscrit avec ceux qu'on nommait ses complices, il ne perdit que la liberté, qui lui fut rendue après la chute de Robespierre. Belle tête cependant à jeter aux pieds de la sanglante déesse ! riche victime à lui offrir, que ce lutteur plein de jeunesse, de vie et de courage ! Je n'ai connu M. Henri Nicolle que sexagénaire ; mais cet âge ne semblait avoir altéré en rien les lignes d'une physionomie où se révélait un caractère. La virilité en était tempérée alors par une expression de paternelle douceur, que le regard affirmait, et que ne pouvaient dissimuler ni d'épais sourcils, ni une voix sonore et s'efforçant en vain parfois de paraître sévère. Les années ne semblaient avoir voûté un peu sa haute taille que pour le mettre davantage à la portée de ses élèves, pour le faire plus petit que nature, dans ce milieu d'enfants et d'adolescents qui étaient comme sa famille. Sous ces traits aimables, des centaines d'élèves ont vu, entendu, chéri, vénéré ce survivant de la Terreur, et quand le marbre les eut reproduits et consacrés, des milliers d'autres, qui ne les avaient point connus vivants, les ont contemplés avec une émotion sympathique sur son buste, érigé dans la vaste Salle des Actes du collége, et ayant pour voisinage les noms, inscrits en lettres d'or, des lauréats du concours général.

A mon âge et aux diverses circonstances de ma vie, tout obscure qu'elle a été, je dois d'avoir pu voir, dans ma jeunesse, quelques hommes qui avaient été plus ou moins mêlés aux événements de la révolution de 1789, et j'ai cru constater des traits communs formant d'eux un type tout spécial, que n'ont point perpétué les révolutions qui ont suivi. Henri Nicolle avait le grand air de ces combattants de la première heure révolutionnaire, pour lesquels ensuite la vie semblait n'avoir plus de redoutables aspérités, ni de crises sérieuses. De cette arène sanglante, d'où ils pouvaient s'étonner d'être sortis vivants, ils avaient rapporté une dignité affectueuse, une indulgence soutenue, qui attestaient leur supériorité. Les événements nouveaux dont ils devenaient les témoins étaient un peu pour eux comme des tournois succédant à de réels combats. Il est vrai que, s'ils avaient vécu jusqu'à l'insurrection de juin et surtout jusqu'à la Commune, ils auraient autrement qualifié des exploits dignes de leur aînée la Terreur.

Dans son *Histoire de la Révolution*, Charles de Lacre-

telle, un contemporain, qui avait vu à l'œuvre Henri Nicolle, place son nom à côté de ceux de Fiévée, de Dussault,
de Bertin aîné. Redevenu libre, Henri aurait pu, comme ses
amis, et peut être avec autant de distinction, à en juger
par son début, persévérer dans la voie de la polémique.
Mais il lui tardait d'entrer dans celle où l'avait précédé
son frère aîné, dont l'exemple lui rappelait souvent leur
commune vocation. En attendant pour cela une occasion
propice, il se fit éditeur de livres classiques : c'était entrer
indirectement dans la carrière de l'instruction. Il y mérita
bien de la jeunesse, en produisant pour elle de nombreuses éditions stéréotypes, d'une remarquable correction ;
en concevant le premier le plan de la *Bibliothèque latine*,
ou réimpression des commentaires allemands sur les
classiques latins, et en lui donnant, par la publication de
quelques volumes, un commencement d'exécution, enfin
en publiant les dictionnaires français-latin et latin-français de Noël, ainsi que le dictionnaire grec-français de
Planche, ces imposants auxiliaires de nos études universitaires, manipulés matin et soir, et maudits par beaucoup
tout autant qu'estimés. Excellent éditeur, mais trop
confiant libraire, Henri Nicolle s'aperçut bientôt que, si la

nouvelle carrière où il venait d'entrer avait ajouté à sa distinction, elle était loin de le mener à la fortune. Il s'arrêta, non sans dommage pour lui-même, mais sans regret de voir certains de ses confrères, ayant beaucoup moins édité et moins bien que lui, avoir peu à éditer encore pour être millionnaires. A cette nature libérale l'esprit mercantile faisait complétement défaut ; c'est un desideratum dont la mémoire de Henri Nicolle n'a nullement à souffrir. Alors il pensa qu'il n'avait rien de mieux à faire qu'à aborder directement la carrière que, dès son jeune âge, il avait résolu d'embrasser.

Il y a des noms qui, heureusement choisis, deviennent une fortune pour un établissement, sinon pour ses fondateurs. Quelques élèves de l'ancienne Sainte-Barbe, Baduel, Planche, Parmentier, l'abbé Cottret, Henri Nicolle, se réunirent pour créer une institution, sous le nom d'Association des anciens élèves de la communauté de Sainte-Barbe. C'était une greffe nouvelle qu'ils essayaient d'établir sur un ancien tronc, abattu par l'orage et rasé presque au niveau du sol, mais qui leur avait paru, dans ce qui en restait, plein de vie encore et propre à une nouvelle végétation. L'abbé Cottret dirigea le premier la nouvelle maison. Henri Nicolle lui succéda.

Ce fut une heureuse inspiration d'avoir fait graver sur une tablette de marbre ces mots dédicatoires, qu'on lisait au-dessus de la chapelle du nouvel établissement, situé rue des Postes : *D. O. M. Sub invocatione Sanctæ-Barbaræ*. La patronne parut touchée de ce pieux souvenir, reconnaissante de cette réintégration de son nom, au profit d'un établissement destiné à former de jeunes humanistes, dans un quartier où, pendant plusieurs siècles, sous ses féconds auspices, il s'en était formé des milliers. Après la tempête révolutionnaire qui avait menacé d'anéantir toute trace du passé de la France, ce nom de Sainte-Barbe résonna bien à l'oreille et au cœur de beaucoup d'anciennes familles, parisiennes et provinciales : pour elles, c'était la garantie d'une bonne tradition universitaire qui se renouait. Elles répondirent à cet appel, d'autant plus confiantes qu'elles retrouvaient et voyaient d'anciens barbistes dans le nouveau chef et les professeurs ; et bientôt la Sainte-Barbe nouvelle vit entrer et prospérer chez elle, avec les saines études, une jeunesse nombreuse et pleine d'avenir.

Cette modeste restauration s'effectuait à peu près en

même temps que celle de la royauté, et celle-ci n'était pas sans favoriser celle-là. Il y avait alors un mouvement général de retour vers le passé : on avait tant détruit que maintenant on éprouvait comme un immense besoin de restaurer, et l'on était le bien-venu, les encouragements abondaient quand on se présentait avec quelque heureuse idée pratique de réédification.

Pour l'abbé Nicolle, l'heure avait sonné du retour en France. Aussi bien, pouvait-il considérer son œuvre comme ayant pris fin en Russie avec l'émigration des familles dont il y élevait les fils. Le jeune essaim auquel son aptitude spéciale et son dévoûment avaient créé, sur le sol étranger, une ruche provisoire, avait pris son vol vers la terre natale, rouverte à une royauté que ses pères avaient servie et qu'ils allaient servir encore. L'éminent patron des Français émigrés en Russie, le duc de Richelieu, était rentré en France. La mission que l'amitié du czar Alexandre l'avait enhardi à s'attribuer, était terminée en partie. Auprès de lui, à Pétersbourg, il avait protégé quelques Français réfugiés : continuant en France le même rôle, et voilant modestement sa personnalité, il allait soutenir la France elle-même, ou du moins ce qui en restait, et faire de son influence une sauvegarde contre le démembrement convoité.

Après sa patrie, la principale attraction pour l'abbé Nicolle rentrant en France était ce frère qu'il y avait laissé et dont il avait été si violemment séparé. Sa présence à Paris ne pouvait qu'étendre et féconder les hautes relations qu'il s'était créées pendant son exil. Intelligence éminente dans sa spécialité, et fiévreusement active, cœur dévoué à la religion et au roi, qu'il tenait pour inséparables l'une de l'autre, il n'avait plus à faire la preuve de sa fidélité. S'il avait su fonder un enseignement tout français sur la terre étrangère, y faire aimer le roi et la patrie, et, au loin, leur préparer, pour le retour, de dignes serviteurs, que ne pouvait-on attendre de lui, dans le cas où il se déciderait à continuer en France une carrière si fructueusement parcourue déjà en Russie ?

C'est le parti qu'il prit. En vain Louis XVIII, pour l'attacher à lui de plus près, l'avait-il nommé son aumônier; en vain lui avait-on promis maintes dignités ecclésiastiques, l'épiscopat entr'autres ; sans hésitation il resta voué à l'éducation de la jeunesse. C'était son premier idéal, la passion de sa vie ; il s'y était livré avec ardeur et succès sur le sol étranger : il voulut s'y livrer aussi et surtout en France. Il n'y avait pas à insister pour le détourner de sa voie : on s'empressa de l'y utiliser. En 1821, membre du Conseil royal de l'instruction publique, il dut à l'attaque dont cette nomination fut honorée, à la Chambre des députés, par Stanislas de Girardin, de voir ses mérites divulgués, sa personnalité mise en un relief qu'il avait été loin d'ambitionner ; puis membre de la Légion d'honneur, — déjà il l'était de l'ordre de Sainte-Anne de Russie, — puis recteur de l'académie de Paris, jusqu'en 1824, époque de la suppression de ce rectorat, il créa, pendant sa trop courte administration, les concours d'agrégation, activa l'achèvement du collége Saint-Louis, la restauration de la Sorbonne, et contribua à d'autres perfectionnements de notre système d'éducation.

En même temps qu'il mettait la dernière main à l'édification d'un collége, il en faisait instituer un autre. C'est alors que l'établissement dirigé par son frère sous le nom de Sainte-Barbe, qui lui était commun avec l'établissement occupant, rue de Reims, l'immeuble de l'ancienne Sainte-Barbe, était érigé en collége, sous le vocable de Sainte-Barbe et avec tous les avantages attachés aux colléges de Paris. Les autres colléges étaient, comme ils y sont aujourd'hui, à la charge de l'Etat : Sainte-Barbe-Nicolle devint le collége de la ville de Paris, qui dès lors tint à honneur de le faire marcher de pair avec les meilleurs.

Pour la nouvelle Sainte-Barbe, ce fut une providence que cet ancien barbiste, revenu avec un cortége de nobles clients à sa dévotion. Il n'avait pas eu besoin de dire, comme son divin maître : « Laissez vos enfants venir à moi, » « *Sinite parvulos venire ad me :* » plus prompte que son désir, la confiance des familles s'était empressée de les lui amener. Ces enfants devenaient les siens, et son collége de prédilection était celui qui agréait entre tous à leurs parents.

II

La cour du petit collége. La guérite.

Peu de temps avant la révolution de 1830, sans prévoir aucunement la tempête qui allait les disperser de nouveau, des parents d'élèves, représentant quelques-unes des plus brillantes et des plus anciennes familles de France, de celles qui alors constituaient la Cour, se trouvaient réunis, une fois par semaine, dans un vaste préau où abondait la lumière, où souvent aussi tourbillonnait la poussière, plus qu'elle ne faisait au Bois, à Longchamp, sous les pas de leurs fringants chevaux. Mais, de ce dernier détail on n'avait pas souci, et l'entrain des causeries, l'animation, la vive gaîté, n'en éprouvaient aucune entrave. Autour de leurs parents et sous leurs yeux, se livraient à de bruyants ébats une multitude d'enfants, heureux de leur présence autant que de la récréation, dont la fin était marquée par un nuage poudreux, de plus en plus opaque, aussi exactement que par l'horloge de l'établissement : c'était comme une clepsydre qui ne trompait ni parents, ni enfants, et, pour les uns comme pour les autres, aussi importune que véridique.

Le préau où ces familles semblaient s'être donné rendez-vous, à certains jours et à certaines heures, était loin pourtant des faubourgs où s'épanouissaient leurs aristocratiques demeures, loin de leurs relations, à l'opposé de leurs promenades habituelles : il le leur fallait chercher au bout d'une longue et étroite rue, où deux équipages, non-seulement ne pouvaient tenter de s'avancer de front, mais couraient toujours le risque de s'accrocher s'ils se croisaient. Confinant au faubourg Saint-Marcel, qu'on appelait, par un triste jeu de mots, « le faubourg *souffrant*, » — on y fabriquait alors beaucoup d'allumettes, — cette rue était la rue des Postes, qui devait, quelque vingt ans après, échanger ce nom contre celui du grammairien Lhomond. Malgré la difficulté de son parcours et son peu d'attrait, les brillantes visites n'en étaient pas moins assidues et fréquentes, toutefois dans la mesure autorisée par l'administration de l'établissement. Le cœur les produisait ; une tendre sollicitude amenait là, près de leurs enfants, pour une heure ou deux, des parents qui éprouvaient le besoin de respirer le même air,

de s'assurer s'il était toujours sain, si quelque malaise
n'était point venu troubler de précieuses journées, des
nuits plus précieuses encore, et altérer de chères santés.
C'était aussi le désir d'apprendre si les maîtres étaient
contents, et, sans trop insister là-dessus, si l'on faisait
toujours bon ménage avec eux ; quelles places on avait
obtenues dans les compositions, quelles chances on pouvait avoir de réaliser une couronne aux jours solennels où
elles se distribuaient.

Les principaux de ces visiteurs, aussi exacts que vivement désirés, n'étaient pas moins, entre autres, que le
prince et la princesse de Léon-Chabot, des ducs de Rohan ;
le prince et la princesse de Bauffremont, les ducs et les
duchesses de Maillé, de La Rochefoucaud-Liancourt,
d'Esclignac, de Guiche, les ducs de Tarente, de Reggio, de
Damas, le marquis et la marquise de Talhouet-Roy, le
comte et la comtesse d'Astorg, le général comte Hulot
d'Osery, les barons et baronnes de Barante, le comte de
Caumont-Laforce, et d'autres personnages de la même
valeur historique.

A cette fleur de l'aristocratie se mêlait, dans le même
lieu et aux mêmes heures, un contingent fourni par l'élite

de la bourgeoisie, de la finance, de l'administration, des lettres et des arts. Les banquiers Hentsch et Hogendorp, les receveurs-généraux Damemme, de Percheron, les agents de change Crépon, de Courpon, Rigaud, Roland-Gosselin, venaient voir leurs fils, battants ou battus, dans la cour poudreuse, se culbutant à l'envi, avec les jeunes héritiers des plus grands noms de la France. Les uns et les autres trouvaient leur compte, en fait de bien-être et de gaîté, dans ce pêle-mêle où s'effaçaient les distinctions sociales, où régnait une courtoise et gracieuse égalité. La duchesse regardait avec envie la dame de la bourgeoisie, dont le fils distançait le sien dans les compositions, et demandait à lui en faire son compliment, qu'elle ne ménageait pas au jeune vainqueur, non plus que les bonbons. Elle le montrait à son fils comme un modèle à imiter; et parfois ces gracieusetés franchissaient la limite de l'enceinte où elles s'étaient produites.

C'est que, depuis longtemps déjà, aucune marquise, aucune duchesse, surtout parmi celles qui avaient imposé à leur tendresse l'éloignement de leurs fils, aucune n'ignorait que, dans la société nouvelle, les charges, les distinctions, la haute estime, seraient désormais aux plus laborieux, aux plus intelligents, aux plus dignes; que, parmi ces bambins sans nom qui folâtraient avec les héritiers de leurs blasons, il y avait de futures illustrations pour les sciences, les lettres, la politique, des personnalités qui un jour auraient place dans l'histoire.

Faisons donc dès maintenant connaissance avec quelques-uns de ces prédestinés; voyons se dessiner les premers traits de leur individualité. Commençons par ceux dont les noms n'aideront en rien à leur fortune, qui auront tout à faire pour les mettre en relief. En voici un qui, dès le jeune âge, révèle un lutteur. Déjà il porte, avec une précoce fierté, une tête quelque peu agressive. Déjà il sait se faire une arme de l'ironie. Comme il le sera dans la suite, au barreau et au parlement, il est toujours prêt à l'attaque, prompt à la réplique, toujours dispos pour la lutte: plus tard, celle où il se distinguera sera la lutte par l'esprit, un esprit gaulois, « irréconciliable » avec la sottise, et peu sympathique à la démagogie, tout républicain sincère qu'il doive se montrer. Ministre, ambassadeur, sénateur; quand ce fils de bourgeois aura obtenu les honneurs les plus enviés, il s'éteindra; comme si la vie, qu'il quittera jeune encore, ne devait plus lui être de rien, le combat terminé, et comme s'il avait eu à craindre que son siége sénatorial ne matérialisât son esprit. On a peut-être reconnu Ernest Picard.

A la même époque, et sur les mêmes bancs, se fait remarquer un autre enfant, qui, par son esprit vif et prompt, une curiosité saine et profitable, un goût prononcé pour la discussion, se rapproche fort du précédent. De la finesse et de l'agrément dans la physionomie, de la facilité dans l'expression, un jugement qui s'annonce par des jets pleins de justesse, tels sont les germes féconds qu'on pourra apercevoir dans un aimable petit espiègle qui, comme Ernest Picard, se sentira appelé au barreau, où il saura trouver assez d'illustration pour n'éprouver aucun besoin d'en chercher encore ailleurs. Tous ces bons germes, en se développant, produiront Me Nicolet, une des gloires du barreau de Paris.

Plus calme de caractère et avec autant d'aptitude, un autre petit travailleur modèle, bourgeois de condition, comme les précédents, et qui aura pu craindre de s'être fourvoyé dans une administration où les positions élevées étaient regardées, avec plus d'apparence que de sérieuse réalité, comme le privilége exclusif des grands seigneurs

de naissance, trouvera enfin, à force de labeur, de persévérance et de mérite spécial, sa voie, plus large qu'il ne
l'avait rêvée, et atteindra les sommets de la diplomatie.
Ceux qui l'ont observé au collége et qui ensuite l'ont vu
à l'œuvre dans les bureaux des Affaires étrangères, ne
s'étonneront pas du chemin qu'aura parcouru Henri
Fournier.

Par une route différente, mais par leur seul travail aussi,
devront s'élever bien haut deux jeunes créoles, parais-
sant d'abord n'être venus séjourner dans la mère-patrie
que pour y recevoir une éducation perfectionnée, et qui
la payeront largement, en s'y fixant pour l'honneur de la
science française et pour la plus grande illustration de
l'Institut. Ce sont les deux Sainte-Claire-Deville.

Voilà, parmi beaucoup d'autres qui trouveront aussi la
distinction dans leurs carrières, quelques compagnons des
jeux et des études de ces enfants de haute lignée, objets de
visites assidues et de tant de sollicitude ; voilà quelques
jeunes rivaux dont maintes nobles dames enviaient pour
leurs fils les premiers et féconds succès.

Pourtant ils n'avaient pas le privilége exclusif du mérite naissant ni de toutes les couronnes. Parmi les plus

haut placés dans cette jeune pépinière de l'aristocratie, il
en était plusieurs à qui leurs mères, pour les voir réussir
au collége, et plus tard dans la grande arène sociale,
même sous le régime de la complète égalité, avaient à
conseiller, non pas d'imiter tel ou tel autour d'eux, mais
de suivre et de développer leur propre nature, de continuer d'être eux-mêmes, de se montrer les fils de leurs pères.
Ainsi, au jeune de Talhouet-Roy, si on le destinait à
quelque haute fonction administrative, quels meilleurs modèles à proposer, de travail, d'ordre et d'autres qualités
positives, que ceux qu'il trouvait dans sa famille? Quelles
plus saines traditions de simplicité dans la grandeur, de
généreuse bonté dans l'opulence, que celles qui, déjà,
produisaient autour de ce nom une clientèle reconnaissante et dévouée, toujours prête à le faire sortir victorieux
de l'urne électorale chaque fois qu'il lui ferait appel?
Quoi d'étonnant si ce riche héritier qui, oubliant les mil-
lions paternels, travaillera au collége comme un simple
boursier, et qui ensuite sera loin de rester oisif, voit plus
tard s'offrir à lui un ministère, et si, pendant plus d'un
quart de siècle, sous les régimes les plus opposés, il occupe au Parlement un siége qu'aucun concurrent n'aura

osé sérieusement lui disputer ? Ainsi, au jeune comte du Barrail, qui, traditionnellement, ne pourra guère se vouer qu'à la carrière des armes, que conseiller, sinon de suivre en tout l'exemple paternel, où il trouvera l'amour du travail et de la discipline, puis, comme fruits de ces nobles errements, les épaulettes de général et le portefeuille de la guerre, qui lui permettront de montrer alors dans tout son épanouissement cette nature franche, décidée, loyale, qu'enfant il aura révélée. Ainsi encore, à Agénor et à Auguste de Guiche, ces gracieux rejetons de l'antique race des Gramont, ces magnifiques enfants d'un couple accompli, que tous admiraient à la cour de Charles X et sur lequel nous jetions, nous aussi, des regards d'admiration dans cet humble préau qu'il semblait illuminer de sa rayonnante beauté, ne suffira-t-il pas d'indiquer quelques types choisis dans la galerie de leurs ancêtres, et, par de simples esquisses biographiques, de montrer à ces charmants enfants que, sans chercher ailleurs, ils auront là d'éminents modèles d'activité, de fidélité au devoir, de valeur, et, ce qui peut avoir son prix encore aujourd'hui, d'une grâce toute française ? A Charles Oudinot de Reggio, nature batailleuse, il n'y aura pas d'ancêtres à signaler comme modèles, mais tout simplement ce fils d'un brasseur de Verdun, devenu maréchal de France, duc et pair, à qui il doit le jour : de tels hommes ne valent-ils pas pour leurs fils toute une galerie d'aïeux historiques ?

Entre ceux qui, dans cette foule d'enfants, comptaient d'illustres ancêtres, et ceux qui n'en pouvaient nommer, régnait une parfaite égalité. Elle régnait dans la classe, comme dans la cour des jeux ; au réfectoire devant le bœuf, séculairement nommé « vache », et devant « l'abondance », comme au dortoir, où chacun avait sa chambrette et son mobilier, établis l'une et l'autre sur des types réglementaires ; à tous elle s'imposait, devant les maîtres, dans les leçons, les compositions, les devoirs de chaque jour, même devant les pensums, dans la redoutée guérite où ils devaient s'élaborer, et qui, le cas échéant, accueillait aussi bien le fils du duc et celui du financier millionnaire que le plus simple boursier.

Cette guérite du petit collége était établie à l'étage le plus élevé, dans une cellule spéciale, pour mieux inviter l'occupant momentané au calme, au silence, au travail, et tenir les autres élèves à l'abri de ses chants ou de ses cris. Loin d'offrir à son hôte aucun agrément, elle lui fournissait à peine l'aise nécessaire pour l'exécution de son travail forcé. Quand il s'y était assis, sur un petit siége étroit ; quand une tablette, taillée en demi-cercle, formant coulisse et portant ses instruments de travail, avait été glissée sur lui, et quand il avait vu la porte se refermer à clef, il pouvait compter à loisir, dans cette pénombre, les heures de huis-clos qui lui étaient dévolues et les pages de papier qu'elles lui permettaient de griffonner, soit de mémoire, soit en les copiant sur ses textes classiques. _

Les préliminaires de l'installation étaient peu compliqués. La prise de corps appartenait au vieux Pierre, le concierge, surnommé Bacchus. Lorsque de sa loge, il avait avisé le délinquant éliminé, avec sa mine piteuse, muni de son papier et de ses livres, il comprenait tout aussitôt ce qu'on attendait de lui. Son opération était toujours accompagnée d'une morale exubérante, qui se produisait en phrases expressives, mais rarement terminées. « Ah ! vous croyez que vous nous...... Ah ! mais non, mon » beau monsieur.... C'est nous plutôt, mon petit duc, » mon jeune comte, c'est nous qui..... » A quoi le patient répondait : « Tais-toi, Bacchus, tu m'ennuies, » employant de préférence un synonyme, nullement courtois, de cette dernière expression. Mais l'opérateur, loin de se taire, reprenait de plus belle sa morale, qu'il continuait jusqu'après le tour de clef définitif et jusqu'au bas de l'escalier. Pourtant, il avait beau gronder et maugréer, ce vieux Pierre, on ne lui gardait nulle rancune ; il n'en était pas moins aimé de tous : on le savait soigneux de ses prisonniers, jaloux d'abréger, plutôt que d'allonger les heures de la captivité ; et cette affection s'étendait jusqu'à sa colossale moitié, soigneuse aussi, et dotée également d'un surnom emprunté à la mythologie.

Voilà quelques traits de la physionomie du petit collége de Sainte-Barbe-Nicolle, pendant les années 1828, 29 et 30, jusqu'aux journées de juillet, dites « les glorieuses, » mais qui pour lui furent loin d'être prospères.

III

Le grand et le moyen collége. Le veilleur.

A ces heures de récréation où les visites des ducs et des duchesses transfiguraient la cour du petit collége, il aurait fallu un mur plus élevé que celui qui la séparait de la cour du grand collége, pour la mettre à l'abri des regards curieux de ceux qu'on appelait « les grands : » deux mètres environ de hauteur, ce n'était vraiment pas suffisant. Aussi, quand le maître de service avait le dos tourné, les plus osés, parmi ces grands, grimpaient, sans l'ombre d'un scrupule, jusqu'au chaperon du mur, en se faisant tour à tour la courte échelle, afin de satisfaire leur mondaine curiosité. Pour eux, pendant ces heures, le maudit mur était comme une limite entre le cloître et le monde, et ils ne s'estimaient pas bien répréhensibles lorsqu'ils avaient pu, à la dérobée, jeter quelques bons coups d'œil sur d'élégantes toilettes, et juger par eux-mêmes si les récits qu'on leur avait faits de la belle tenue, du grand air de tel personnage, de la beauté renommée de telle noble visiteuse, n'avaient point été surfaits. Heureux ceux qui pouvaient alléguer une parenté, une relation, si lointaines ou si vagues qu'elles fussent, pour être admis pendant quelques minutes dans cette cour enviée, pour se mêler à cette atmosphère aristocratique et parfumée. Tous n'en sortaient pas sans de légères distractions, se prolongeant parfois assez pour porter quelque atteinte à l'élaboration habituelle des devoirs.

Entre le petit, qui s'étendait à sa droite, et le moyen à sa gauche, le grand collége occupait le centre des bâtiments et des cours qui formaient, dans la rue des Postes, l'ensemble de l'établissement. Dominé par le cabinet du directeur, dont les vigilants regards semblaient multipliés par ceux du préfet général des études et du sous-préfet du grand collége, il était ainsi d'une surveillance relativement facile. Du mouvement régulier et fréquent de ses quatre classes, avec leurs subdivisions, rien n'échappait aux regards administratifs. C'est que le bon ordre au grand collége était regardé, à juste titre, comme la garantie du bon ordre dans les deux autres. Pas n'est besoin d'ajouter que les parents ni les correspondants de ses hôtes, non plus

que ceux des élèves du moyen collége, n'avaient à redou-
ter la poussière de leurs cours : pour les entrevues, ils
étaient invités à stationner au parloir. Ainsi, à la différence du petit collége, les élèves du grand et ceux du
moyen ne voyaient pas leurs cours devenir, pendant certaines heures, de brillants parloirs en plein air. Les entrevues produisaient autant d'aparté, souvent si calmes,
que visiteurs et visités semblaient d'accord pour retourner
avant la fin de la récréation, les uns dans leurs demeures,
les autres à leurs jeux. Car, à Sainte-Barbe comme ailleurs,
à moins de quelque cause extraordinaire, les élèves n'é-
taient visibles que pendant certaines récréations. Si un
parent trop impatient, si une mère alarmée sur une chère
santé par quelque mauvais rêve, venaient solliciter une
exception à la règle, on leur rappelait, avec courtoisie,
que l'élève dont ils réclamaient la vue momentanée, avait
cessé, pour un temps, de leur appartenir.

Quand elles avaient sonné ces heures de l'étude, rem-
plies de trésors pour qui savait en profiter, quand cette
charmante et insoucieuse jeunesse de Sainte-Barbe n'a-
vait plus devant elle que ses maîtres et ses livres, quand
tout l'invitait au travail, qui aurait pu l'en distraire,

sinon un de ces riens imprévus, que le hasard fait naître, que dédaignent les « piocheurs, » et dont s'emparent, en les grossissant, les espiègles et « les cancres? » Si l'on était distrait, ce n'était point, à coup sûr, par quelque tumulte retentissant de la rue des Postes. On n'entendait plus piaffer devant le collége les chevaux des équipages ; la grosse et bruyante gaîté des cochers, les causeries des valets de pied, avaient cessé : la rue était rendue à elle-même ; il y régnait un silence que ne pouvaient troubler les pas de quelques piétons, ni le bruit sourd de quelques fiacres : ces faibles bruits se perdaient sur place, sans écho dans les salles d'étude, sans trouble pour les élèves, que cette limite extérieure, zone nord des trois colléges, laissait parfaitement paisibles. A l'opposé, le dortoir des élèves de philosophie était adossé au jardin et aux bâtiments de l'Enfant-Jésus, maison religieuse dont la destination correspondait à son vocable, et qui, de plus, admettait des dames pensionnaires, asile recherché et sollicité beaucoup plus qu'il n'était obtenu, par des personnes de condition distinguée, lasses du monde, avides de retraite et de silence. Parfois le vent du midi apportait, avec les émanations des grands arbres de cette retraite, les suaves

odeurs des fleurs de son jardin, parfois aussi quelques
notes harmonieuses des chants de sa chapelle. Ainsi jux-
taposées, la philosophie et la religion ne se troublaient
l'une l'autre en aucune façon : ces jeunes philosophes, ces
actives religieuses, ces dames qui avaient fui le monde,
vivaient là côte à côte, sans se voir et sans se connaître.
Un passage long, étroit, un peu tortueux, diminutif assez
exact de la rue des Postes elle-même, sur laquelle il
s'embranche d'un côté, et, de l'autre, aboutissant à la porte
de l'établissement religieux, limitait, à l'ouest, le collége,
qui, à l'est, était attenant à la maison et au long jardin
dévolus au supérieur du collége, et devenus ensuite la
propriété d'un préfet des études. Cette maison se trouvait
en communication avec le collége, comme pour lui faire
comprendre qu'il était constamment sous des regards ayant
mission de le surveiller. Un peu plus loin, au-delà de la
même habitation et de quelques autres maisons qui termi-
naient la rue des Postes de ce côté, dans la rue de l'Arbalète,
émule de sa voisine pour le calme et le silence, était l'École
de pharmacie, école sérieuse, amie du travail, et dont les
élèves, tout entiers à l'étude des plantes de leur beau jardin, à celle du codex et à leurs expériences techniques, ne

rêvaient alors aucune immixtion de la politique dans une carrière toute positive. On n'avait, jusques-là, signalé aucun tumulte à l'entrée ou la sortie de leurs cours ; jamais, de leur fait, aucun trouble dans le quartier : ce n'était pas une multitude tapageuse et capable d'empêcher l'herbe de pousser, aussi abondamment qu'elle le faisait, entre les pavés de la rue de l'Arbalète.

Tout invitait au recueillement dans ces environs de Sainte-Barbe. Au milieu de la rue des Postes, la vue du vaste séminaire du Saint-Esprit, avec ses larges murs noirâtres et le haut portail de sa chapelle, aurait suffi pour refouler d'autres pensées que des pensées d'étude et de méditation sérieuse. Le collége des Irlandais, et les deux institutions Pelassy de l'Ousle et de Gascq, l'une à l'entrée et l'autre au bout de la rue, semblaient là pour barrer le passage aux préoccupations qui n'auraient pas eu pour objet un studieux labeur.

C'était donc un emplacement bien choisi que celui du collége dirigé par MM. Nicolle frères.

Ancienne maison des Filles de Saint-Michel ou de Notre-Dame-de-Charité, ce spacieux immeuble, établi sur un des versants de la montagne Sainte-Geneviève, recevait plus tôt les rayons du soleil levant, sans être, pour cela, de niveau avec le populeux faubourg Saint-Marcel, sans subir les influences peu salubres de son air ambiant, non plus que les émanations des tanneries de ce faubourg, ni celles du ruisseau qui les dessert. De tous les autres colléges, le plus distant du centre parisien, il n'était pourtant pas en dehors du quartier latin par sa situation, pas plus que par les études qu'on y faisait, ni par la composition de son personnel enseignant. Cette distance relative était un de ses avantages, aux yeux de son principal fondateur, qui même l'aurait préféré suburbain tout à fait, pour le rendre encore moins accessible, surtout s'il eût pu prévoir que cette extrémité de la rue des Postes le mettrait si peu à l'abri des mondaines visites et des distractions qu'elles amenaient à leur suite. A ce titre et à quelques autres, il ne lui représentait pas entièrement l'idéal qu'il rêvait. Et, pourtant, il avait fait d'heureux efforts pour l'en approcher de très-près, pour lui constituer une individualité bien distincte dans la famille des colléges parisiens, pour lui créer une attraction spéciale. Recteur de l'académie de Paris, il avait fait d'une simple institution un collége royal, en obtenant des professeurs gradués comme ceux des colléges royaux, et, de ce nouveau venu, un établissement d'élite aux yeux d'un grand nombre de familles, en ne l'ouvrant à aucun externe : il entendait que ces précieux rejetons qu'on lui confierait dès le jeune âge, — il les aurait voulus tous abordant seulement leur neuvième année, — grandissent ensemble sous les mêmes influences; que le même pain de vie matérielle, la même nourriture intellectuelle, la même direction de leurs âmes, formassent entr'eux une sorte de parenté, un esprit de famille, des liens d'affection et de dévoûment mutuels, que ne pourraient rompre plus tard ni la diversité des situations ni celle des caractères; qu'ils conservassent, dans leur différentes carrières, les traits distinctifs de leur commun foyer d'éducation, comme ces riches végétaux qui, par leur belle venue et leur vigueur, révèlent les pépinières renommées d'où ils ont été tirés.

Ailleurs, c'était le nombre qu'on considérait; c'était de lui surtout qu'on attendait les succès universitaires, le nom de l'établissement acclamé au concours général, et une affluence de nouveaux élèves pour la rentrée des classes : dans le nouveau collége, ce n'était pas sur le nombre, mais sur l'individu qu'on faisait fond. Peu d'é-

lèves suffisaient ; mais chacun d'eux représentait une personnalité bien distincte, que ses maîtres devaient étudier,
retenir dans leur sollicitude quotidienne, soigner selon
ses exigences. Observée de près, elle ne devait pas tarder
à se révéler, à s'accentuer, et, brillante ou médiocre, conserver sa valeur relative jusqu'à la fin, son droit et sa
part au double bienfait de l'instruction et de l'éducation.
Un élève distingué, se révélant sur place, donnait sans
effort ce que promettait sa nature. On ne le chauffait pas
à blanc pour le transformer en une machine à palmes de
fin d'année. Ce n'était pas là qu'auraient fait fortune les
recruteurs de jeunes phénomènes obtenus à prix d'or, et
dont l'illustration forcée, s'évanouissant au sortir du collége, dépasse rarement les pages du palmarès.

Les fondateurs du nouvel établissement avaient estimé
qu'une cinquantaine d'élèves suffiraient pour une classe,
et que chacune d'elle devrait former deux divisions.
Ainsi, la surveillance, les soins de toute nature, cette sollicitude incessante, qui est le devoir d'un père et le besoin
de son cœur, lui paraîtraient plus praticables pour ceux
en qui il verrait ses délégués. Chaque maître, chaque professeur, seraient bien le maître, le professeur des élèves

qui leur seraient confiés. La fameuse maxime gouvernementale « Diviser pour régner » recevrait, dans ce modeste
milieu, en se réhabilitant moralement, une saine et utile
application.

Pas plus la nuit que le jour, nul ne pouvait échapper
aux regards chargés de le surveiller. La chambre dévolue
à chacun, à l'enfant de neuf ans comme au rhétoricien et
au « philosophe » n'en mettait, personne à l'abri. Là, le
huis-clos n'existait pas : toutes les portes étaient à claire-
voie dans leur partie supérieure, munie de barreaux, et
d'un guichet qui se manœuvrait du dehors ; toutes s'ou-
vraient sur de longs couloirs, aux extrémités de chacun
desquels étaient, d'un côté, la chambre du maître, et, de
l'autre, l'appartement du préfet ou du sous-préfet des
études de chaque collège. Après la prière du soir, dite à
haute voix dans chaque division par un élève pour tous
les autres, agenouillés sur les bancs devant leurs pupîtres,
chaque chambre recevait son hôte pour la nuit. Les maîtres, ayant constaté qu'aucun n'y faisait défaut, et que, d'autorité, le verrou avait été glissé sur toutes les portes soumises à leur surveillance, n'avaient plus alors à s'occuper d'é-
tudes, si ce n'est pour eux-mêmes ; alors était venue pour

eux la vraie récréation, après le long travail de la journée. Ils n'avaient plus qu'à être les paisibles témoins du sommeil des élèves, jusqu'à l'heure où leurs pouvoirs passaient aux mains d'un autre fonctionnaire, dont la mission consistait à faire régner partout, jusqu'au lever prochain, le calme et le silence.

C'était le veilleur. Il était seul pour tant de monde, et il suffisait à cette tâche de toute la nuit. Armé de sa lanterne sourde, silencieux comme elle, il la présentait devant les barreaux et les guichets de chaque chambrette, demandant à ses pâles reflets si l'ordre ne subissait là aucune atteinte. Afin de s'assurer si quelque rêve un peu bruyant, si quelque parole balbutiée ou nettement articulée n'étaient pas une menace pour le silence général qui s'imposait à ces heures de repos, vingt fois il montait et descendait les escaliers, parcourait tous les corps de bâtiment, tous les étages, visitait coins et recoins, apparaissait en tout lieu, comme un être incorporel, doué du don d'ubiquité, et que ne pouvait atteindre la fatigue. Chargé de favoriser le sommeil pour les autres, il aurait regardé comme une honte personnelle s'il eût été surpris s'y livrant lui-même. Le seul répit, la seule distraction qu'il se permît, disait-on, et encore n'était-on pas bien sûr, en reproduisant ce bruit, de ne se point faire l'écho d'une calomnie, c'était de descendre dans un petit jardin voisin du dortoir des philosophes, quand il voyait la lune radieuse au ciel, et, là, de se livrer à une douce contemplation de cette beauté nocturne. On allait jusqu'à assurer, peut-être sans fondement, que parfois il faisait entendre quelque chose comme une hymne d'admiration. S'il en était ainsi, c'était, selon toute vraisemblance, de la prose qu'il produisait : il passait, cela est vrai, une notable partie de sa vie au milieu de maîtres instruits et d'excellents livres; mais quand il était sur pied, les maîtres dormaient, les livres reposaient, et quand maîtres et livres fonctionnaient, le bon veilleur dormait à son tour. Force lui était de se borner à son modeste mérite de directeur nocturne du collége.

Ce mérite était justement apprécié par le directeur effectif. L'épreuve qu'en faisaient les maîtres avec lesquels à de certains jours, ou plutôt à de certaines nuits, il entrait, de vive voix, en communication, et auxquels il prouvait que, comme eux, sinon aussi correctement, il jouissait de cet attribut humain qu'on nomme la parole, cette épreuve était de nature à le placer haut aussi dans leur estime, et lui avait valu un surnom dont il ne pouvait qu'être fier, bien qu'il l'eût cherché vainement dans le dictionnaire de l'Académie et dans les lexiques du collége. Aux maîtres qui, les jours de grand congé, avaient la permission de minuit, il était chargé d'ouvrir la porte. Si cette heure, cent fois plus rapide que les autres, ne s'était pas souvent et impérieusement dressée devant eux pendant la soirée, s'ils l'avaient quelque peu oubliée, soit au théâtre, soit chez un parent ou chez un ami; si, en retard, ne fût-ce que d'un quart d'heure, ils venaient secouer le sonore marteau de la porte extérieure, l'impitoyable porte-clef, objectant sa consigne, plus stricte peut-être qu'elle ne l'était réellement, leur transmettait d'une voix sourde et solennelle, ces mots pleins d'un noir frisson pour des attardés, vers une telle heure, au fond de la rue des Postes : « Il est plus de minuit, je ne peux pas ouvrir. » A quoi il ne manquait pas d'ajouter, si l'on tentait d'ébranler, par quelque promesse plus ou moins distinctement formulée, cette conscience d'airain : « Je suis *incorrompable.* » Les tentateurs éconduits ne pouvaient rire, de l'autre côté de la porte en un tel moment; ils maudissaient, tout en l'estimant, ce veilleur plus dur que

Cerbère, qui, lui du moins, s'était laissé séduire par des gâteaux ; ils maugréaient, non contre le barbarisme dont ce cruel se faisait une glorieuse épithète, mais contre la réalité qu'ils subissaient.

Le directeur donnait son approbation au rapport de l'*Incorrompable*, tout en plaignant les victimes et en regrettant de ne s'être point trouvé là pour s'interposer ; car, envers les maîtres, comme envers les élèves, dont, à ses yeux, ils se rapprochaient le plus, son cœur abondait en indulgence.

IV

Succès et Revers.

L'établissement fondé par quelques anciens barbistes, transféré rue des Postes par l'un d'eux, Parmentier, et devenu collége en 1821, prospérait au-delà de toute espérance. Par lui surtout, alors, l'ancienne maison de Sainte-Barbe semblait relevée de ses ruines, au profit de nouvelles générations. On eût dit un chêne plein d'années et riche de vie depuis ses plus profondes racines jusqu'à sa cîme, dont un ouragan dévastateur avait pu renverser tout ce qui s'élevait à la surface du sol, mais dont la souche était restée vivante, et comme impatiente de s'épanouir au dehors par de nouveaux scions, dès que le calme et un air propice lui seraient revenus. Deux rejetons s'étaient produits de cette souche commune et formaient deux nouvelles tiges distinctes, lui devant chacune, pendant plusieurs années, la force, l'éclat, toutes les meilleures chances de durée.

Dans leurs premières années, on distingua les deux Sainte-Barbe par les noms de leurs fondateurs, ajoutés à celui de leur commune patronne. L'une était Sainte-Barbe-de-Lanneau, l'autre Sainte-Barbe-Nicolle. La première, après des commencements difficiles, et quoique bornée au titre d'institution, devait s'élever à une prospérité enviée par plus d'un lycée, surtout sous M. Alexandre Labrouste, l'habile directeur de deux maisons modèles, édifiées, à la ville et à la campagne, par l'un de ses frères, éminent architecte, et qui ont pour unique défectuosité de se trouver toujours trop peu spacieuses au début de chaque année scolaire. Quant à la seconde maison de Sainte-Barbe, en prenant rang parmi les colléges de Paris, elle entrait bientôt avec eux en partage direct et relativement abondant des palmes du grand concours.

Mais la concorde et la fraternité étaient loin de régner entre les deux Sainte-Barbe. Les rapides succès de l'une avaient attiré bientôt la jalousie, puis l'antipathie de l'autre, qui donnait libre carrière et publicité fréquente à ces sentiments. Les occasions ordinaires de la manifestation de ceux-ci étaient les banquets périodiques des anciens élèves de Sainte-Barbe-de Lanneau, et les interprêtes habituels, Scribe et Bayard, dont la verve caustique s'exerçait contre la rivale enviée, en couplets avidement accueillis et chaudement applaudis par les barbistes de la rue de Reims. L'histoire même, la grave histoire, se faisait plus tard l'écho sympathique de ces dispositions hostiles : la prose du sérieux historien de Sainte-Barbe, du savant M. J. Quicherat, semble en effet se passionner comme les vers de Scribe et de Bayard, dans le récit des griefs de la maison de Lanneau contre celle des Nicolle, griefs dont le principal, fondé ou non, aurait été l'usurpation du nom de Sainte-Barbe. Parce qu'elle occupait, dans la rue de Reims, l'immeuble de l'ancienne communauté de Sainte-Barbe, la première n'admettait point que ce nom pût être reproduit sur un autre point de Paris, dans une autre rue du quartier latin. Titulaire de l'immeuble, elle prétendait l'être du nom, à titre exclusif également. Mais Sainte-Barbe-Nicolle ne manquait ni de bonnes raisons, ni de puissants et habiles organes de publicité pour les faire valoir, même avant que l'abbé Nicolle fût devenu si influent à la cour. Au *Journal des Débats*, entre autres, les frères Bertin n'oubliaient pas que Henri Nicolle avait combattu courageusement avec eux, dans la presse, les hommes de la révolution, et, au besoin, leurs collaborateurs Dussault et de Féletz le leur auraient rappelé. Anciens barbistes, les frères Nicolle, Planche, Parmentier, Baduel, de Féletz, s'estimaient en droit de faire revivre Sainte-Barbe là où ils voudraient. S'ils n'avaient pas l'ancienne maison, ils croyaient en posséder l'esprit, au moins autant que d'autres. C'est ce que le *Journal des Débats* se chargeait de rappeler à la direction établie rue de Reims, lorsque les couplets des célèbres vaudevillistes qu'elle avait contribué à élever et ses autres attaques se faisaient trop acerbes. Les deux établissements vécurent ainsi côte à côte jusqu'au jour où une révolution imprévue vint changer complètement leur situation respective et mettre le plus florissant des deux en danger de perdre plus que son nom.

Cependant, aux amis du passé, le collége Sainte-Barbe-Nicolle représentait l'ancienne doctrine, la tradition vénérée ; aux partisans des idées nouvelles, un enseignement qui n'avait rien de rétrograde. Aux uns il montrait son origine et son nom, aux autres ses professeurs avec leurs grades universitaires et leur attache ministérielle. A ceux qui voulaient l'enseignement laïque, il présentait un directeur et tout un personnel laïques ; à ceux qui demandaient le couronnement de l'éducation par la religion, il répondait par un supérieur ecclésiastique. Relevant de la ville de Paris pour son budget, de l'Université pour les études et les professeurs, il n'avait pas le caractère individuel, aléatoire, mercantile, des simples institutions. L'active sollicitude de ses chefs avait fait agréer par la Ville l'ingénieuse combinaison qui faisait de lui son collége, un aîné pour ceux que plus tard elle pourrait créer, tout en le laissant soumis, en ce qui concernait les études, au régime universitaire, à l'instar des colléges royaux. Dans de telles conditions, il satisfaisait pleinement aux saines et prudentes aspirations de toutes les familles.

En même temps que se transformait en collége l'institution Sainte-Barbe-Nicolle, une autre obtenait la même fortune. C'était l'institution Liautard. Par l'effet d'une protection tout intime de Louis XVIII, elle entrait, sous le patronage d'un des noms du roi, dans la famille des colléges de Paris : elle devenait le collége Stanislas ; sans externes comme Sainte-Barbe, et entrant peut-être plus avant que son émule, au moins extérieurement, dans le régime de l'éducation religieuse : le directeur, les préfets des études et les maîtres portaient la soutane. Mais, comme à Sainte-Barbe, on y suivait rigoureusement le programme d'études imposé aux colléges de Paris, et les succès y étaient venus aussi dans une proportion presque inespérée. Ni royal, ni municipal, ayant sa vie propre, recrutant le personnel de ses maîtres dans le clergé, et celui de ses élèves dans des familles dont la plupart alliaient la distinction à une haute piété, Stanislas, dès son début, prenait place parmi les meilleurs colléges parisiens. L'instruction qu'on y recevait était à la hauteur de l'éducation. Là, non plus qu'à Sainte-Barbe, le nombre n'était un obstacle à l'avancement de l'immense majorité, pour le plus grand profit de quelques-uns ; en quittant le collége, chaque élève emportait bien tous les fruits auxquels il avait pu prétendre. Tel se révéla tout d'abord cet établissement d'élite, et chaque année est venue le perfectionner. Son présent vaut encore mieux que son passé, et longue serait la liste de ceux qui l'ont illustré par une noble carrière.

Longue aussi serait la liste des lauréats du collége de Sainte-Barbe au concours général, depuis la naissance de ce florissant rejeton de l'ancienne souche, jusqu'au jour où il a été transféré de la rue des Postes dans l'avenue Trudaine ; et, pour quelque ancien élève qui tiendrait à honneur de s'en faire l'historiographe, il y aurait un splendide Livre d'or à produire, même en se bornant à rappeler, par une brève notice, chacun des plus notables parmi ceux qui ont sucé le même lait que lui, et dont il trouverait les noms inscrits sur le palmarès de la Sorbonne, ainsi que sur celui du bien-aimé collége. Ce serait un précieux « Vapereau » pour un grand nombre des élèves de Sainte-Barbe-Rollin, que celui qui embrasserait les soixante années environ écoulées depuis la fondation de l'établissement jusqu'aujourd'hui, à en juger par les succès éclatants et décisifs des dix premières.

En voyant les colléges Sainte-Barbe et Stanislas, ces nouveaux venus dans l'Université, nés sous le même règne, frères par l'origine, par une constitution pleine de traits communs, par des tendances de même nature, s'avancer à pas égaux dans la carrière, leurs aînés ne tardèrent pas à constater, non sans quelque inquiétude pour eux-mêmes, des progrès plus rapides qu'on ne l'aurait supposé, et, avec le faible contingent relatif de leurs combattants, le nombre toujours croissant des couronnes qui leur étaient décernées chaque année au concours général. En 1828, par exemple, huit ans après sa fondation, alors que tel élève, entré, en 1820, dans la classe de huitième, était devenu rhétoricien, après avoir parcouru le cycle normal des études, Sainte-Barbe, notammment, avait donné aux familles et à l'Université la mesure de sa valeur au point de vue de l'instruction : en 1828, cinq prix et trente accessits furent la part de ce collége tout récent, de cet établissement municipal limité à des internes, c'est-à-dire, une part plus forte que celle qu'avait pu se faire, dans cette lutte générale à la fin de la même année scolaire, tel collége royal de Paris.

A la distribution des prix du concours général, les titulaires des accessits ne reçoivent pas, comme on sait, de couronnes, ni l'accolade d'illustres personnages, ni livres à la somptueuse reliure. En entendant leurs noms, ils restent sur leurs bancs ; ils n'apparaissent point aux regards d'une sympathique assistance, qui, dans leurs jeunes traits, se plairait à imaginer quelque célébrité de l'avenir ; ils demeurent inconnus à la plupart des assistants, et là, pour eux, tout l'honneur consiste à s'entendre nommer. Mais beaucoup, à bon droit, préfèrent cette simple nomination, ce

bruit d'un moment autour de leur nom, sous les voûtes
de l'antique Sorbonne, aux brillantes couronnes, aux livres
à tranches et à filets dorés, qui les attendent le lendemain
dans une autre enceinte. A Sainte-Barbe, en effet, comme
dans les autres colléges de Paris, les prix abondaient, non
pas seulement pour les lauréats de la veille, mais pour
ceux qui, à leur suite, s'étaient entendu nommer, et dont
la seule nomination prouvait combien près des couronnes
ils s'étaient tenus. Aussi, prix et accessits arrivaient-ils
surtout à l'élite de ce bataillon sacré de combattants, qui
avait été celle de chaque classe dans tous les colléges admis
au concours général.

Ces lauréats de la première heure étaient aussi, pour
Sainte-Barbe, des fondateurs, inconscients, mais effectifs.
Témoins de leurs succès, leurs jeunes parents et leurs amis
demandaient à venir partager leur nourriture intellectuelle, et le nouveau collége voyait grandir ainsi sa considération et sa prospérité.

Ces preuves irrécusables du rapide essor qu'avait pris
l'établissement de la rue des Postes, réjouissaient tous les
intéressés, tous les fonctionnaires, depuis les plus élevés
jusqu'aux plus humbles, depuis le supérieur jusqu'au der-

nier des maîtres. Une des causes les plus efficaces, une des bases les plus solides de cette fortune si prompte, c'était le crédit dont jouissait à la cour l'abbé Nicolle, crédit fondé sur l'estime qu'inspiraient ses éminentes qualités pédagogiques et son génie organisateur. En matière d'éducation, il était le conseiller le plus écouté à la cour, celui qui agréait le plus à tous ceux qui la composaient. Voici une petite occasion où j'ai pu apprécier sommairement le vif intérêt dont il y était l'objet. C'était sous le règne de Charles X.

Le matin d'un jour de congé, où l'abbé devait accompagner aux Tuileries les fils du baron de Damas, gouverneur du duc de Bordeaux, et leurs cousins, les petits-fils du duc Étienne de Damas, une malencontreuse entorse, produite par un faux pas, vînt mettre, inopinément pour lui, des bâtons dans les roues d'une voiture de la cour, qui stationnait, en l'attendant, à la porte du collége : il dut se résigner à la voir partir sans lui. Mais laisser partir seuls les enfants, c'eût été contraire à ses habitudes. Sachant d'ailleurs l'intérêt qu'on portait à sa santé, il n'aurait pas voulu donner sur elle plus d'inquiétude que n'en comportait une simple entorse. J'étais le maître de ces enfants : ce fut moi qu'il choisit pour le suppléer et dire la cause de son absence. Ainsi, le suppléant dans la voiture, puis à un déjeûner qui contrastait notablement avec l'ordinaire de Sainte-Barbe, put constater, pendant quelques heures qu'il passa aux Tuileries, en quelle sympathie y était l'abbé Nicolle, dans cette influente famille de Damas, et auprès d'autres hôtes du palais, auxquels le remplaçant improvisé eut à raconter son petit accident, qu'il n'avait commission de grossir en aucune façon. Si j'avais été plus perspicace qu'on ne l'est à vingt ans, j'aurais pu apprécier peut-être quel fond l'on faisait dans cette haute région sur un serviteur aussi intelligent et aussi dévoué à la royauté.

Quelque temps après, — c'était dans les premiers jours de juillet 1830, — la classe du soir allait commencer, et je me disposais à céder la place au professeur, qui entrait, lorsque je vis entrer en même temps l'abbé Nicolle, le baron de Damas et un autre personnage qui m'était inconnu, mais qui me parut aussi de haute qualité. Ils étaient accompagnés du préfet des études du petit collége, de l'excellent M. Tournet.

« Mes enfants, dit l'abbé Nicolle, ces messieurs dési-
« raient vous faire une courte visite. Ils seront charmés

« d'assister à quelqu'un de vos exercices, et ils vous invi-
« tent à oublier leur présence, qui d'ailleurs ne doit nul-
« lement vous inquiéter : il y a si longtemps qu'ils ont
« passé par la classe où vous êtes, que vos fautes, si vous
« n'en faites pas de trop grosses devant eux, resteront
« inaperçues. » La classe se fit comme d'habitude. Ce ne
fut pas sans quelque trouble d'abord que les réponses
arrivèrent aux interrogations du professeur ; mais nos
élèves s'aperçurent vite que ces visiteurs inattendus étaient
de bienveillants témoins, non de rigides examinateurs,
et, à l'envi, ils firent de leur mieux pour laisser d'eux
une bonne opinion.

Cette visite était la dernière épreuve d'un examen qui
avait été confié à l'abbé Nicolle, et dont le résultat final,
dans l'hypothèse où cette épreuve serait satisfaisante,
devait être l'entrée d'un nouvel élève au collége de Sainte-
Barbe. Et cet élève n'était pas moins que l'héritier de la
couronne de France, le duc de Bordeaux, plus tard, dans
l'exil, le comte de Chambord.

Depuis plusieurs années, les cousins de Henri Dieu-
donné, les jeunes princes d'Orléans, suivaient avec succès
les cours du collége Henri IV. Soumis à la même règle

universitaire que leurs condisciples, travaillant aux mêmes
devoirs, concourant pour les mêmes couronnes, ils se
formaient dans ce milieu à la discipline commune et y
trouvaient le stimulant d'une fructueuse émulation. Pour
eux, c'était un bonheur de fraterniser avec cette belle jeunesse, et dès lors ils se faisaient des amis dont beaucoup
devaient leur rester dévoués jusque par delà les années
de la proscription. Les voitures du Palais-Royal les con-
duisaient chaque jour au collége, où ils étaient externes,
et les en ramenaient. Bientôt, aux mêmes heures, une
voiture partant des Tuileries, sillonnerait aussi les rues qui
mènent au quartier latin : le jeune prince, lui aussi, serait
externe. A la rentrée, il débuterait dans cette classe qui
avait été inspectée récemment, et, par suite, agréée pour
ses débuts. Là, il trouverait, parmi ses condisciples, des
visages connus et amis, des compagnons de ses jeux aux
Tuileries ; on voulait que dans tous, sans exception, il
trouvât des camarades ; on voulait, par le bénéfice prolongé d'une pensée émise en ce qui concernait l'auteur
de la Charte, « nationaliser » ce royal enfant, et « roya-
liser » la jeunesse qui le verrait grandir avec elle.

Le mois de juillet 1830 s'était ouvert, souriant et pro-

pice, en apparence, sur ce projet, qui n'avait rien de chi-
mérique. On n'imaginait pas d'entrave à sa réalisation.
Pourtant il y en avait d'imminentes : juillet n'était pas
fini que le trône était renversé. Avec ce qui restait de la
branche aînée, le roi reprenait la route de l'exil, et l'élève
promis à Sainte-Barbe allait faire sur le sol étranger, en
même temps que ses études classiques, l'apprentissage
d'une vie qui devait être un long enchaînement de vœux
ardents pour la France, et la digne représentation d'un
grand principe.

VI

La Révolution de 1830.

Sur la plage de Dieppe, aux heures où la marée qui descend met à découvert des milliers de petits êtres animés, rampant, sautillant, s'agitant çà et là comme tout surpris de leur émersion forcée, deux jeunes enfants se récréaient à voir ces mouvements variés à l'infini, puis ramassaient à l'envi de petits coquillages encore tout ruisselants de leur eau marine. L'un de ces enfants était le fils du général comte d'Astorg, l'autre l'aîné de ceux du prince de Léon, tous deux du même âge, tous deux élèves du collége de Sainte-Barbe. Avec eux étaient leurs pères et leurs mères, les félicitant de leurs trouvailles ; compliments qui alternaient avec les sérieux entretiens de ceux dont ils émanaient et qu'ils venaient à propos distraire un peu de leurs pensées assombries et inquiètes, que, du reste, on pouvait constater également chez la plupart des habitants de Dieppe.

On était alors dans les premiers jours de septembre 1830, et la ville aurait possédé alors son hôtesse habituelle à cette époque, Madame, duchesse de Berry, si Charles X n'eût perdu sa couronne. Cette absence, trop motivée, d'une princesse qui, depuis plusieurs années, y apportait régulièrement animation et profits de toutes sortes, attristait d'autant plus tous les esprits, tous les visages, l'aspect entier de la ville, qu'elle avait été inattendue, et que chacun s'était préparé à donner, comme d'habitude, une cordiale bienvenue à la sympathique duchesse.

Après le coup de foudre qui avait renversé ce projet, avec tant d'autres qu'elle avait formés dans son heureuse maternité, sa demeure à Dieppe était devenue celle du comte d'Astorg et de sa famille. C'était encore une émanation, un reflet de la cour; c'étaient ses exquises manières, son esprit, sa grâce, ses regrets, ses aspirations non encore presque désespérées. Je me trouvais alors l'hôte du comte et de la comtesse d'Astorg, de ces hôtes imprévus et substitués. Je m'étais engagé à les accompagner à Dieppe, pour représenter, dans une certaine mesure, le collége auprès de leur fils, pour aplanir à celui-ci, pour lui rendre moins épineux le passage d'une classe dans une autre, après l'ébranlement donné aux études par la récente révolution, dont aucun collége ne devait ressentir plus rudement le contre-coup que Sainte-Barbe-Nicolle.

Plusieurs familles, se rattachant par leur position ou par leurs sympathies à la famille exilée, étaient venues chercher à Dieppe, non l'oubli des récents événements, — il était impossible, le sol tremblait encore, — mais quelques distractions momentanées, pour leurs enfants plutôt que pour elles-mêmes. Là, d'ailleurs, elles se sentaient plus près de leurs chers exilés ; elles en avaient les plus fraîches nouvelles. Dans leurs promenades, sur la plage ou sur les falaises, souvent leurs regards étaient tournés vers le pays qui abritait la famille regrettée, dont ne les séparait qu'un étroit bras de mer. Parfois la brise semblait leur apporter quelques notes plaintives de ces voix bien-aimées. Tantôt on se donnait rendez-vous dans le quartier du Pollet, au milieu de cette primitive et honnête population de pêcheurs qui, inhabile à mesurer la portée d'une révolution, à comprendre tout ce qu'elle peut contenir d'imprévu, demandait pourquoi Madame tardait tant cette année à venir sillonner la mer de ses gracieuses embarcations. Tantôt, de compagnie, on faisait une excursion à Arques, dans cet historique voisinage de Dieppe, où, en 1589, juste deux siècles avant l'ouverture d'une période révolutionnaire pleine de persécutions, de larmes et de sang pour sa postérité, Henri IV marquait une de ses plus glorieuses étapes vers le trône qu'il revendiquait. Sous les murs du vieux château, en se reposant, on disait aux enfants attentifs la victoire remportée sur le duc de Mayenne ; c'était aussi au mois de septembre, mais non un temps de vacances pour le Béarnais ; et, en portant leurs regards vers la terre d'exil où venaient d'entrer ses descendants, les narrateurs rapprochaient involontairement dans leur pensée tous ces revers du présent et toutes ces victoires du passé. Dans la campagne, à la ville, sur la plage, partout s'imposaient les souvenirs, les regrets, les préoccupations, les anxiétés.

J'étais de toutes les excursions, partageant la vie qui m'entourait, témoin attendri de mille nobles émotions, et bénissant en même temps l'humble condition qui me mettait à l'abri des tempêtes politiques.

Pourtant, celle qui venait de sévir, quoique passant bien au-dessus de ma tête, ne fut pas loin de produire un déplacement de cette très-obscure existence. Tout au moins fut-elle pour moi la cause d'une vive tentation. Le prince de Léon-Chabot était de ceux qui avaient résolu de se faire les courtisans de l'exil. Attaché à la maison de la duchesse de Berry, il entendait bien reprendre à Holyrood un service violemment interrompu aux Tuileries, et emmener avec lui sa famille. Pour celle-ci, comme pour quelques autres de cette qualité, Dieppe n'était qu'un séjour éphémère, la dernière station française avant celui où les appelaient l'affection, le devoir et l'honneur.

Toute palpitante du souvenir de la princesse et n'imaginant pas alors qu'il lui fallût faire d'elle son deuil complet, la ville de Dieppe restait comme inféodée à une royauté qu'elle ne pouvait croire déchue. Elle était peuplée d'une foule d'Anglais qui, chaque année, venaient, sur les pas de la vive et entraînante duchesse, y semer leur or, et qui y laissaient l'empreinte de leur fashion. Chaque matin, je me plaisais à voir cette riche et élégante « gentry » d'outre-Manche attendant sur le port le « steamboat » qui lui apportait d'Albion son pain quotidien de nouvelles, lorsqu'un jour m'advint une proposition du prince de Léon ; elle m'était transmise par l'abbé Nicolle, ami fidèle de la royauté dans une nouvelle infortune, et toujours conseiller des familles de la cour, en matière d'éducation. Il m'était proposé d'accompagner le prince et la princesse de Léon en Angleterre et d'y demeurer chargé de l'éducation de leurs enfants. L'offre me paraissait attrayante. Ayant l'attache de l'abbé Nicolle, elle ne pouvait être que la bienvenue. Émanée d'une famille que j'avais déjà assez approchée à Dieppe pour l'apprécier, elle se traduisait dans ma pensée par une garantie certaine des meilleurs procédés à mon égard, en échange de quelques années d'éloignement. Je savais cette famille de celles qui, dans les relations sociales, ont le don naturel d'élever les humbles à leurs propres yeux, de donner l'assurance aux timides, et d'amoindrir, sinon d'effacer les distances, parce que, chez elles, l'aristocratie du cœur est au niveau de celle de la naissance.

D'ailleurs, cette proposition caressait un de mes rêves de jeune homme. Le peu que je savais de la langue et de la littérature anglaises, ce que j'avais vu à Paris de cette nation, ce qu'il m'était donné en ce moment d'en voir à Dieppe, tout cela m'avait inspiré un vif désir de la voir chez elle, d'y séjourner assez pour être à même de la juger sur place. Il me souriait de fouler le sol qui avait produit Shakespeare, Milton, Byron, Walter Scott, et autres grands écrivains dont les œuvres passionnaient alors une partie notable de notre jeunesse, et servaient de types chez nous à une nouvelle littérature. Pendant les jours qui s'écoulèrent jusqu'à celui où le prince de Léon devait recevoir ma réponse, c'est avec une émotion croissante que j'allais voir poindre à l'horizon et se diriger vers le port le paquebot de chaque jour, et lorsqu'il reprenait sa route vers l'autre rive, il me semblait emporter déjà quelque chose de moi-même. Du reste, l'initiative d'une détermination pareille à celle qu'on me proposait, appartenait à l'un de mes collègues de Sainte-Barbe, et je savais que l'exemple qu'il me donnait ne lui avait nullement coûté. Le duc et la duchesse de Guiche emmenaient avec eux, sans condition de temps, le maître particulier de leurs fils Agénor et Auguste (1). Ils avaient apprécié son mérite spécial et sa précoce distinction; ils l'avaient jugé digne d'être mêlé aux élégances britanniques de la famille d'Orsay, dont était la duchesse, et aux bienséances de la vie d'Holyrood, quand le duc et la duchesse y séjour-

(1. M. Bicoteau

neraient avec leurs enfants. Le gouverneur sut s'identifier si bien avec cette vie franco-anglaise, qu'il demeura plusieurs années en Angleterre. A son retour en France, il y put voir, aux mains de l'aîné de ses élèves, un portefeuille de ministre, et à l'autre, avec un bras de moins, les épaulettes de général de division. Pourtant, le jour où je dus formuler ma réponse, je m'étonnai de trouver en moi un non bien accentué. A tous les attraits de la vie anglaise, à tous les charmants procédés que j'avais lieu d'attendre de l'excellente famille qui m'offrait de m'accueillir près d'elle, je préférai Paris, tout agité qu'il était encore par la révolution ; le collége Sainte-Barbe, quoique ébranlé sur sa base, et, surtout, une tendre mère, qu'il m'était bien autrement facile, de Paris que d'Holyrood, même que de Londres, d'aller embrasser aux jours de mes vacances.

En se félicitant de voir leur collége à l'extrémité d'une rue dont rien habituellement n'altérait la placidité, et qui semblait à l'abri de toute émotion populaire, M. l'abbé Nicolle et son frère n'avaient considéré sans doute que les paisibles voisins qui lui formaient comme une ceinture de sûreté, à savoir, colléges, séminaires, couvents, institutions, modestes habitations de rentiers, de professeurs en exercice ou émérites. C'était tout près de là que Rollin, dans sa laborieuse retraite, « dictait ses leçons à la jeunesse » (1), qu'il avait écrit pour elle ses livres si sympathiques. Là, il apparaissait comme un doux et tutélaire génie planant sur le voisinage de son ancienne demeure. Mais MM. Nicolle n'avaient point visé un autre voisinage, celui du faubourg Saint-Marcel, où finissait la rue des Postes et où dominait, en 1830, un tout autre esprit que celui du bon Rollin. A deux pas de là est la rue Mouffetard, la principale artère du faubourg Saint-Marcel. Elle avait fourni à l'œuvre des trois journées révolutionnaires de Juillet un actif contingent de travailleurs. Dans la soirée de la première, cinq ou six habiles meneurs s'étaient chargés d'en recruter, à l'aide d'un cadavre qu'ils promenaient tout le long de la rue des Postes, en stationnant çà et là et en criant : « Mort et vengeance. » Nous entendions ces cris retentissants, qui avaient franchi notre paisible enceinte ; ils alternaient, en jetant l'effroi sur tous les visages de nos jeunes élèves, avec la

____

(1) Voltaire, *Le Temple du goût.*

prière du soir, dite à haute voix, selon l'usage, par l'un d'eux, dans chaque division. Au collége, on priait un dieu de paix de faire prospérer les études par la discipline, et, tout à côté, dans la rue, on mettait en circulation et en pratique cette maxime, souvent reproduite depuis : « L'insurrection est le plus saint des devoirs. » La révolution avait là un de ses foyers ardents; elle frappait, près de nous, à chaque porte, et rien ne défendait de ses bruits sinistres qui que ce fût, pas même de jeunes enfants.

Le collége Sainte-Barbe n'était point de ceux où de telles impressions pouvaient produire l'effet espéré. C'était un sol ingrat pour de telles semences, et, pas plus que les autres établissements de la même rue, il ne répondit à l'attente du faubourg. En vain les insurgés de ce quartier en ébullition avaient protesté de leur respect pour les établissements d'éducation : la hâte avec laquelle le vide s'y fit prouva la confiance qu'inspiraient dés protestations sorties d'un tel milieu. Les trois journées n'avaient pas pris fin, que Sainte-Barbe était un désert. On eût dit qu'une trombe, s'abattant sur cette demeure, tout à l'heure si animée, si insoucieuse, avait tout dispersé, tout balayé sur son passage. Les nobles familles qui faisaient la force et la splendeur de l'établissement avaient immédiatement réclamé et retiré leurs fils, voulant serrer tout près d'elles les plus précieux de leurs trésors. La plupart des autres en firent autant. Le lien des études se trouva brisé tout d'un coup, l'année scolaire violemment interrompue avant son terme. Tout jusque-là, sauf une mort regrettable et imprévue, avait souri à Sainte-Barbe-Nicolle ; sa fortune avait atteint une hauteur inespérée ; les plus brillantes recrues affluaient chaque année dans ses murs ; parmi ses prochains élèves, le collége avait lieu de compter l'héritier du trône. Un brusque revirement venait de se produire : les jours difficiles allaient commencer.

VII

La mort de M. Henri Nicolle. Sainte-Barbe devient Rollin

Avant les événements de 1830, une vive douleur avai traversé le cours des triomphes et des joies de Sainte-Barbe : son bien-aimé directeur était mort dans les derniers jours d'avril 1829. Le spectacle des funérailles de M. Nicolle aurait suffi pour faire soupçonner en partie ses mérites à qui les eût ignorés. Grands et petits, tous les élèves, — il n'y en avait pas moins de quatre cents, — tous les professeurs et les maîtres, tous les serviteurs de cette administration paternelle, formèrent au regretté défunt un long cortége, augmenté de sa famille et des nombreux amis que lui avait faits sa nature d'élite, dans les différentes phases de sa vie. Le convoi était terminé par beaucoup de parents, qui, dans de riches équipages, s'étaient joints à leurs enfants pour ce suprême hommage : c'en était un aussi de condoléance au frère aîné, en même temps que

4.

d'estime pour leur œuvre commune. Dans ces quartiers populeux qui séparent la rue des Postes du Père-Lachaise, on saluait avec recueillement et respect ce grand convoi. En constatant sur tous les visages l'empreinte d'un regret sincère, les spectateurs semblaient s'y associer instinctivement, tant il paraissait mérité. On reconnut surtout qu'on n'était pas en présence d'un deuil ordinaire, lorsque, sur la place de la Bastille, à l'entrée de la rue qui mène au cimetière, on eut vu s'arrêter le char funèbre, puis quelques-uns des plus grands élèves en descendre ces précieux restes et les porter eux-mêmes jusqu'au bord de la tombe. Vivement sollicité par les professeurs et les élèves, le préfet de la Seine s'était fait lui-même solliciteur auprès du préfet de police, et avait obtenu pour eux cette pieuse dérogation aux règlements sur les convois funèbres. Représentée dans ces instances par son principal fonctionnaire, la Ville s'était ainsi associée aux sentiments de regret dont était le digne objet l'un des fondateurs, en même temps premier directeur, du collége qui relevait d'elle. Près du tombeau, en ce moment de lugubre solennité où va disparaître ce qui reste visible de ceux qu'on pleure, les mérites de Henri Nicolle furent rappelés, dans des discours dont le plus émouvant fut celui qui ne put être achevé : trop pénétré par sa douleur, le préfet des études, M. Defauconpret, ne put prononcer en entier le résumé touchant de ce que lui avait inspiré le souvenir d'une pratique déjà longue du chef regretté. Bientôt une souscription permit de rappeler ses traits à ceux qui l'avaient connu, et de les transmettre aux générations suivantes. Si l'on ne devait plus entendre cette voix toujours sympathique, même quand elle grondait, ni voir ce regard, toujours plein de douceur, même quand il tâchait d'être sévère, le buste en marbre de Henri Nicolle, érigé dans la Salle des Actes et entouré des noms, inscrits en lettres d'or, des lauréats du concours général, apparut bientôt, comme pour rappeler les heureux commencements du collége et sourire à ses triomphes ultérieurs.

Dans cette première organisation, où chacun des deux frères avait eu sa mission particulière, M. H. Nicolle semblait le cœur qui aime et qui pardonne, la haute et intelligente paternité qui tempère la rigueur par l'indulgence. Une telle perte causa, sans contredit, un vide immense. Mais la pensée dirigeante, l'âme de la maison, était toujours là, et il ne fallut pas moins qu'une révolution politique pour ébranler ce jeune édifice aux bases à peine établies et pourtant déjà si solides.

Une de ces bases principales était cette Cour amie et propice où l'abbé Nicolle, à son retour en France, avait été accueilli comme une lumière, un conseiller, une autorité pédagogique. Et cette cour n'existait plus en France. Et les familles qui, tout à l'heure, en formaient une notable partie, qui, pleines de confiance, avaient remis leurs fils aux mains d'un guide expérimenté, les emmenaient à l'envi dans leurs châteaux, ou s'en allaient rejoindre la famille royale dans son exil ! A leurs yeux, Paris était un volcan en ébullition, à distance duquel il était prudent de se tenir, et le faubourg Saint-Marcel un de ses principaux cratères.

Le désarroi qui fut pour le collége Sainte-Barbe la conséquence immédiate des journées de Juillet fit que celle de la distribution des prix du concours général de cette année-là ne fut nullement « glorieuse » pour lui, et cette éclipse inattendue vint assombrir encore son horizon. La campagne scolaire suivante s'ouvrit sous ces auspices peu rassurants. On savait les vides qu'il faudrait subir : on n'espérait pas les voir se combler de sitôt. Dans tous les cas, il n'y avait pas à compter, au moins pour le moment, sur une clientèle aussi brillante que par le passé, et, quant au nombre des recrues à attendre, ce n'était pas le trop, mais le trop peu qui devenait une probabilité, même une certitude.

De plus, fondée ou non, il circulait une rumeur sinistre, à savoir que le collége pourrait bien, dans un avenir prochain, avoir vécu. La question pour lui du « To be or not to be » s'agitait sérieusement, disait-on, dans les conseils de la Ville. N'étant plus le protégé de la Cour, sans externat, et, à ce titre, inférieur aux colléges royaux, n'allait-il point entrer dans une phase ruineuse? La Ville devait-elle s'associer à ces conditions, aléatoires pour le moins, et n'était-il pas à la fois de son intérêt et de sa dignité de décliner une telle expérience? Il lui serait d'autant plus facile de s'exonérer qu'elle en prendrait plus tôt la résolution. Voilà les bruits, assez peu encourageants, qui étaient alors en circulation.

Quelque résolu qu'on fût de ne point séparer son sort de celui d'un établissement naguère si plein de vie, si florissant, on se sentait ébranlé ; le sol paraissait trembler sous les pas des plus confiants d'entre nous.

A ces incertitudes vint se joindre une pénible réalité :
la nécessité du sacrifice d'un nom qui déjà nous était
devenu très-cher, parce qu'en peu de temps déjà il était
devenu fort honoré, parce qu'il avait ajouté un relief nouveau à sa renommée séculaire. L'autre émanation de
l'ancienne Sainte-Barbe, l'établissement qui, tout en demeurant simple institution, portait aussi ce nom vénéré,
l'ayant revendiqué pour lui seul comme son légitime hé-
ritage, en avait obtenu le privilége, à l'exclusion de son
homonyme. Le chef intelligent de cet établissement, M.
Adolphe de Lanneau, avait saisi le moment propice. Les
raisons qu'il allégua étaient peut-être les meilleures : elles
parurent, sans contredit, au moins celles du plus fort en ce
moment. Il se montrait un de ceux qui commençaient à
prouver qu'au lendemain d'une révolution, les vainqueurs,
après avoir destitué sans façon leurs adversaires des emplois qu'ils occupaient, savent destituer de leurs noms
avec autant de désinvolture les rues, les places, les édi-
fices, les établissements, qu'on signale à leur esprit ami de
la métamorphose. Le nom de Sainte-Barbe contribua pour
beaucoup, sans doute, à la fortune de la maison qui sut
le monopoliser, surtout quand la direction en fut aux

mains, réellement habiles et organisatrices, de M. Al. Labrouste. Mais, s'il était entré dans les calculs de son prédécesseur de relever cet établissement aux dépens du collège son rival, en lui enlevant son nom, dans ses calculs il put trouver un véritable mécompte. Ce coup nouveau et imprévu, porté à l'établissement de la rue des Postes, lui fut certainement très-sensible ; cette perte qu'il subissait lui donnait la mesure de celle qu'avait subie son crédit. Mais le sacrifice qu'on lui imposait n'était pas une humiliation, puisqu'il avait toujours porté dignement, et même grandi, le nom qu'on lui ôtait : c'était une douleur. Au sacrifice il sut se résigner ; la douleur, il la supporta vaillamment. Il ne se sentit point autrement troublé, au milieu de ses épreuves multipliées, et il reprit foi en sa vitalité. Puisqu'il n'avait pas démérité de son ancienne patronne, il ne pouvait se voir abandonné d'elle, et, s'il trouvait un second patronage digne du premier, alors, soutenu par l'un et l'autre, il pourrait voir la fortune lui sourire de nouveau, et, par suite d'autres efforts, compter une nouvelle ère de succès. Sans une longue recherche, la Ville lui trouva un nom qui personnifiait la tradition universitaire et la plus pure doctrine, un nom plein des meilleures promesses : celui de Rollin. Ce nouveau patronage lui porta bonheur. Le nom de cet ami de la jeunesse, de ce type de l'intelligence et du savoir classiques, de la modestie professionnelle, des plus douces et enviables vertus, de cet universitaire du meilleur aloi, parut préférable au nom d'un souverain, d'un conquérant, si éclatant qu'il eût pu être trouvé dans l'histoire.

Il ne fallait pas moins qu'une aussi bonne rencontre, et, d'autre part, l'assurance que le collége ne courait désormais aucun risque dans son existence, pour y relever les courages, ranimer les études et renouer la chaîne des succès.

Mais il fallait du temps pour se remettre de la commotion de juillet 1830. La discipline avait été atteinte dans tous les colléges, surtout dans ceux de Paris. Pendant l'année qui suivit, chaque collége voulut avoir aussi à enregistrer une glorieuse journée, pour le moins. Chacun d'eux se fit un point d'honneur de revendiquer par une révolte plus ou moins accentuée les libertés qu'il croyait nécessaires à tout collégien digne de ce nom. On fut obligé d'en passer par ces contre-coups successifs de la révolution. Il fallut de la patience et de la fermeté pour rasséréner ces jeunes cerveaux en ébullition, pour les obliger d'ajourner jusqu'à la sortie du collége leurs revendications des libertés qu'ils jugeraient indispensables et légitimes.

La « manifestation » de Rollin arriva en janvier 1831. Elle y devait éclater un jour ou un autre : l'insurrection était dans l'air : elle faisait le tour de l'Europe dans les gouvernements, et, à Paris, celui de tous les colléges. A Rollin donc, un malencontreux maître, estimé trop sévère par quelques citoyens élèves de sa division, au grand collége, fut l'occasion de la révolte et la victime expiatoire choisie. Le malheureux bouc émissaire avait, en fait de sévérité, ce qu'il en devait avoir ; ni plus ni moins ; mais il lui manquait dans le regard, dans la voix, dans le geste, ce qui fait dominer, en imprimant la crainte, ou en inspirant la sympathie.

Tout avait été réglé d'avance par les meneurs des différentes divisions du grand collége. L'heure adoptée comme la plus propice fut celle du dîner du directeur et du préfet des études, celle où les attendait la famille, après le labeur de la journée, et avant la surveillance de la dernière heure. En commençant tôt leur branle, ils étaient sûrs de réaliser beaucoup de besogne. A un signal donné, l'infortuné maître se voit assailli par une foule de projectiles classiques : des in-quartos compacts, des *Gradus ad Parnassum*, des Planche sous forme de dictionnaire grec, des Noël, c'est-à-dire, les dictionnaires français-latin et latin-français du lexicographe de ce nom ; tout ce que les pupîtres des insurgés renfermaient de plus volumineux et de nature homicide. Homère et Virgile, Horace et Juvénal, le *Jardin des racines grecques* et la *Prosodie latine*, sont des intermèdes jugés presque inoffensifs : leur office est de faire nombre. Celui qui sert d'objectif à tous les coups disparaît bientôt sous cette furieuse et foudroyante avalanche. De sa chaire il s'était fait une casemate, d'où il appelle au secours. Le portier du grand collége, dont la loge est voisine, Antoine, grand et robuste Normand, se précipite vers ce lieu de détresse. Il cherche à ouvrir la porte : elle est fermée ; en vain sa vigoureuse main l'agite : elle résiste : au-delà il y a une barricade. Les lampes ont été éteintes, brisées, et leurs débris sont allés rejoindre les dictionnaires. Avertis, les chefs accourent. Le directeur fait entendre sa voix : elle est méconnue. A une sommation réitérée il est répondu enfin qu'on ouvrira si l'impunité est assurée. La réponse avait été prévue. Antoine, qui, sur l'ordre du directeur, est allé quérir un merlin, enfonce la porte et peut pratiquer un passage jusqu'à la chaire où le martyrisé attend sa délivrance. Il s'échappe enfin; mais on ne le recueille que contusionné, ensanglanté, abasourdi, plus mort que vif; assez vivant toutefois pour pouvoir nommer quelques héros de la manifestation. Tel est l'exploit qui constitue la première des « glorieuses journées » de Rollin. La seconde se signale par une révolte générale du grand collége. Les séditieux se sont comptés, et, en ayant trouvé, dans leur nombre, deux ou trois de moins, qu'une justice sommaire venait d'éliminer, ils déclarent qu'ils ne rentreront dans l'ordre que si on réintègre ces chers collaborateurs. Après avoir enduré, pendant toute la matinée, les rumeurs, les vociférations, le tumulte dans la cour, dans les classes, au réfectoire, on prend le parti de licencier cette troupe de mutins obstinés, et de les remettre à leurs familles jusqu'à nouvel ordre. Là, ils purent réfléchir pendant quelques jours sur les chances de voir accepter leur double ultimatum, à savoir, la réintégration de ceux qu'on avait congédiés, et l'élimination du maître antipathique. A leur retour, ils eurent à constater deux décisions tout-à-fait contraires. Mais Rollin put se glorifier d'avoir eu aussi ses « journées. »

C'est que, depuis celles de Juillet, et sous leur influence, il avait singulièrement progressé dans la voie de l'émancipation. Ce n'était pas pourtant, on le croira, sans peine, l'universalité des élèves qui s'agitait ainsi : le moyen et le petit collége se tenaient complétement en dehors du mouvement insurrectionnel, qui restait à la charge du grand collége, non du grand collége lui-même tout entier, mais de quelques têtes remuantes et habiles à entraîner les autres. Depuis la récente révolution, aux grands de Rollin, comme à ceux des autres colléges de la capitale, on tolérait le bonnet de police, au lieu de la pacifique casquette. Partout on avait bâillonné la cloche ; au tambour désormais l'honneur d'annoncer tous les exercices. A Rollin, le titulaire du sympathique instrument était un bonhomme de douze à quatorze ans, coiffé, lui aussi, d'un lourd bonnet de police, et prenant autant au sérieux le ra et le fla dont il disposait que son accoutrement de soldat en petite tenue. Auparavant, il y avait dans chaque classe un doyen : maintenant c'était un sergent ; *unum et idem* sous un autre nom, mais avec une apparence moins pacifique.

Tout se faisait militairement, au collége comme à la ville, où chaque citoyen se croyait soldat parce qu'il s'était fait vêtir en garde national. Dès lors il y avait moins lieu de s'étonner que les grands de Rollin prétendissent se voir exonérer de la confession périodique, et d'autres pratiques religieuses dont la multiplicité les assimilait, suivant eux, plus qu'ils ne l'entendaient, à des élèves de séminaires, sans se rappeler que, moins d'un an auparavant, ils ne regimbaient en aucune façon contre ce *modus vivendi*, qui, au sortir du collége, les rendait à leurs familles jeunes gens bien élevés, polis, de bonne tenue et présentables dans la meilleure société.

Bientôt même, les idées saint-simoniennes faisaient une trouée dans ces murs placés sous les auspices du pieux Rollin, et ces idées y trouvaient, parmi les plus grands élèves, des adeptes aussi fervents qu'habiles à se dissimuler. Elles étaient accueillies au titre qu'elles s'attribuaient, et obtenaient faveur, comme religion, dans ces jeunes et excentriques cerveaux, tout autant que dans beaucoup d'autres plus mûrs, à la même époque. Le plus avancé de ces néophytes était nommé « le Père, » qualificatif porté par lui avec un grand sérieux, et dont il s'ho-

norait en mainte occasion. On n'avait pas été sans découvrir qu'à de certains jours il allait, en compagnie de
quelques autres catéchumènes, s'inspirer au foyer de toute
grâce, à Ménilmontant, « se placer sous le regard d'amour »
du Père Enfantin, et peut-être mériter de se voir associer
par lui « à la recherche de la femme libre ». Peut-être
même rentrait-il le soir au collége avec le symbole, ima-
giné à Ménilmontant, de la solidarité universelle, c'est-
à-dire, avec le gilet boutonné sur le dos.

VIII

La retraite de M. l'abbé Nicolle. — Son œuvre.

« *En queis consevimus agros !* Voilà donc pour qui nous avons ensemencé nos champs ! » put se dire, dans sa douleur, M. l'abbé Nicolle, ce pur et fervent serviteur de la religion et de la royauté traditionnelle, lorsqu'il eut constaté, à l'actif de son collége de prédilection, jusque-là si orthodoxe, des excentricités qu'il n'aurait jamais imaginées. En y improvisant un esprit nouveau, la récente révolution avait élevé une barrière entre l'œuvre et le fondateur. Du reste, précédemment, l'abbé Nicolle avait résigné ses fonctions de supérieur du collége et fait agréer pour son successeur le principal aumônier, M. l'abbé Faudet, depuis curé à Saint-Étienne-du-Mont et ensuite à Saint-Roch. Mais jusqu'à leur suppression, dès lors décidée, ces fonctions ne furent plus guère que nominales, d'omnipotentes qu'elles avaient été sous leur premier titulaire. C'est qu'alors elles correspondaient à d'importantes réalités ; c'est qu'elles étaient le lien rattachant à la Cour un établissement qui déjà y avait recruté une partie de sa clientèle ; c'est que, désigné pour la direction des études de l'héritier du trône, et supérieur d'un collége qu'il avait en grande partie créé, l'abbé Nicolle était sur le point de procurer à la plus précieuse de toutes ses recrues l'enseignement qu'il avait rêvé pour elle. Le royal élève, en effet, aurait reçu aux Tuileries le bienfait de l'éducation privée, et à Sainte-Barbe celui de l'éducation publique. Les longs et éminents services de l'abbé Nicolle, ses ingénieuses et habiles combinaisons, méritaient ce suprême succès, un tel couronnement de sa carrière pédagogique. A la fois, tout lui échappa, quand il était encore plein de force et d'activité, tout, même son titre de conseiller de l'Université, qu'il avait conservé depuis son rectorat, et auquel il tenait comme au dernier lien qui l'unissait à ce corps. On eût dit qu'il y avait un parti pris de faire, à l'égard de la jeunesse, un étranger de cet homme, qui, pourtant, lui avait voué ses plus vives sollicitudes, toutes les pensées, tous les efforts de sa vie.

En ce qui concernait le collége Sainte-Barbe, l'abbé Nicolle trouvait une consolation dans cette pensée, qu'il avait fait acte de prévoyance, œuvre de bon père de famille, en assurant son existence, alors même qu'on ne soupçonnait aucun péril en la demeure, c'est-à-dire, en le plaçant sous la puissante tutelle de la ville de Paris, en créant entre elle et lui la double solidarité de l'intérêt et de l'honneur.

A l'habile directeur d'études, au fécond organisateur, paralysé par une révolution imprévue, survécut l'ecclésiastique, avec une intelligence, une ardeur, une activité que ne pouvaient abattre ni l'âge, ni les événements. De tels mérites trouvèrent vite leur emploi. Il y avait alors un autre ecclésiastique, fidèle, autant que l'abbé Nicolle, à la famille exilée, et autant éprouvé par la révolution : c'était Mgr de Quélen, archevêque de Paris. Il fit à l'abbé un appel qui fut aussitôt entendu, assuré d'avance que la communauté de leurs sentiments et la similitude de leur situation actuelle ajouteraient à leurs forces unies pour le bien. Déjà, il lui avait donné, après son rectorat, place au chapitre métropolitain, avec le titre de vicaire-général. Il lui confia la direction des affaires diocésaines, et, dans l'œuvre des Orphelins du choléra de 1832, il fut témoin combien ce cœur contenait d'ardeur dévouée pour le soulagement de l'humanité. Ensemble ils avaient rêvé de longs jours prospères pour la religion, pour la France et pour la dynastie qu'ils aimaient ; ensemble ils eurent à gémir sur des destructions irréparables, et à se résigner aux plus douloureux sacrifices.

En février 1831, spectateur fortuit du sac de l'archevêché, je fus à même d'apprécier, par mes propres émotions, une partie de celles des principaux intéressés dans un épisode révolutionnaire digne précurseur de ceux de la Commune. J'étais là, à titre de curieux, — ma jeunesse pouvait être mon excuse, — et, le lendemain, j'écrivais à ma mère, inquiète comme tant d'autres qui avaient alors leurs fils à Paris : « C'était hier le mardi gras. Celui-là
» laissera un souvenir nullement glorieux pour le popu-
» laire parisien, qui a fêté cette journée de folie habituel-
» lement inoffensive, par d'incroyables excès. Du pont le
» plus voisin de l'archevêché, j'ai pu voir, d'un côté, le
» cortège du bœuf gras, passant à la distance d'une portée
» de fusil environ, et, de l'autre, la saturnale révolution-
» naire saccageant le palais archiépiscopal. Que de trésors
» jetés dans la Seine et rapidement emportés par le fleuve,
» qui semblait être complice de cette fureur et favoriser

» ces actes sauvages! Que de riches ornements d'église
» lacérés et souillés! Surtout, combien de grands et
» splendides volumes, aux précieuses reliures, aux armoi-
» ries séculaires! Le lit du fleuve, grossi par de récentes
» neiges, et bouillonnant, faisait paraître et disparaître
» tour à tour ces beaux livres aux regards attristés des
» uns, et pour la joie idiote des autres. Combien de par-
» chemins, jusque-là immaculés, montraient confusé-
» ment une dernière fois leurs vives enluminures, ces
» vignettes, ces culs-de-lampe, ces fantaisies du dessin et
» de la couleur, qui avaient demandé à leurs auteurs sans
» doute des années entières de travail, quelquefois peut-
» être la meilleure partie de leur existence! Ce spectacle
» a été navrant. On a abattu bien des croix de chapelle et
» d'églises. On voulait faire aussi un mauvais parti à la
» Chambre des députés; mais il n'en a rien été; c'est
» peut-être partie remise. Quant à l'archevêché, il n'en reste
» plus que les murs. Si le peuple de Paris ne fait pas bien
» les choses, il peut se flatter au moins de les faire vite. »

A voir le zèle déployé par M. l'abbé Nicolle auprès du
prélat dont il avait accepté d'être le collaborateur, son
ardente activité à soulager les misères, les souffrances,

les infirmités au milieu desquelles il avait voulu vivre, on aurait pu croire qu'il ne s'occupait plus d'éducation autrement que par le souvenir. Pourtant, son imagination édifiait encore en cette matière. L'infatigable organisateur formait le plan d'un collége nouveau. Il n'y omettait rien de ce qu'une pratique d'un demi-siècle lui avait fait reconnaître d'utile dans les établissements fondés ou restaurés par lui en Russie et en France, et il en écartait avec soin tout ce qui lui semblait d'effet incertain ou dangereux. Aussi, se garda-t-il bien d'établir ce fils puîné de ses méditations, au faubourg Saint-Marcel : l'expérience lui avait trop démontré que, dans ce milieu volcanique, qui partageait alors avec le faubourg Saint-Antoine la spécialité insurrectionnelle, le nouveau collége qu'il rêvait ne pouvait s'épanouir avec une entière sécurité. C'est hors de Paris qu'il l'établissait, assez près cependant pour qu'il fût accessible au courant intellectuel qui émane d'une capitale, et à la portée d'un groupe suffisant de professeurs distingués. C'était encore un collége sans externat, où l'éducation et l'instruction pouvaient être plus sûrement dirigées selon les vues du fondateur. Par lui tout avait été habilement combiné, savamment coordonné, mûrement réfléchi, pour le bien-être sanitaire, le progrès intellectuel et le perfectionnement moral de la jeune clientèle qu'il espérait. Un texte étendu, où se développent les idées de l'auteur avec une lucide simplicité, et suivi de cinq planches, au moyen desquelles le lecteur peut s'éclairer sommairement sur l'ensemble des exercices et s'initier *de visu* à l'économie générale de l'établissement, le disposerait favorablement tout d'abord pour ce plan d'éducation, quand même il ignorerait que c'est le produit de cinquante ans de méditations et de pratique, ce que du reste, parmi d'autres preuves, on peut reconnaître, à l'indication de certains ouvrages dont l'auteur recommande l'adoption : ceux de MM. Gobert, Guérin, Legay, professeurs à Sainte-Barbe-Nicolle, qui en avaient fait déjà, entre les mains de leurs élèves, des instruments de succès universitaires. Ce plan n'était pas un vain rêve, une vague conception de son auteur, une réunion de souvenirs du passé et de consolations du présent. Il fallait un million pour le réaliser : telle était la confiance qu'inspirait l'abbé Nicolle, tels encore ses relations et son crédit, que ce million serait venu s'offrir à lui sans difficulté. Non que l'éminent pédagogue voulut déroger à son passé en se faisant, pour la première fois, spéculateur, mais parce qu'à cet homme d'idées et non d'argent, il fallait une telle somme pour faire aboutir et sauvegarder sa nouvelle création, pour en assurer la marche régulière à travers des années qu'il était loin alors de prévoir toutes prospères. De la sphère des projets, ce collége aurait passé dans celle des réalités. C'était la dernière pensée de l'habile organisateur, son legs suprême à cette jeunesse d'élite qui avait rempli son âme et passionné sa vie, lorsque survint sa mort, qui laissa le *Plan d'éducation, ou Projet d'un collége nouveau* (1) à l'état de source d'excellentes indications pour tous ceux qui auraient à fonder un établissement d'instruction secondaire.

Les funérailles de celui qui, à son début, simple maître d'études dans l'ancienne maison de Sainte-Barbe, devait en fonder une nouvelle avec le titre de collége, et s'élever jusqu'au rectorat de l'Académie de Paris, ne furent pas aussi populaires, aussi émues extérieurement, que l'avaient été celles de son frère. Mais elles honorèrent dignement aussi une carrière pleine de distinction et d'amour du bien

(1) Paris, 1831 chez Ch. Gosselin; 1 vol. in-8°.

public ; elles furent un hommage rendu à l'ancien recteur, notamment pour un de ses actes les plus honorables, la restauration de la Sorbonne. « Les restes mortels de l'abbé » Nicolle, déposés dans l'église de la Sorbonne, dont, après » le cardinal de Richelieu, il était le second fondateur, dit » le *Journal des Débats* de cette époque, ont été trans- » portés à Notre-Dame, où un service funèbre a été » célébré avec toute la dignité du lieu et de la personne » qui en était l'objet, et enfin conduits à leur dernier » asile, le cimetière du Montparnasse. » Les mérites de l'abbé Nicolle ont été rapidement esquissés par un critique contemporain, par un de ces appréciateurs qui font autorité pour l'histoire et la biographie, par M. de Féletz, de l'Académie française. Il a donné à l'abbé Nicolle une place distinguée dans une galerie de contemporains, que le *Journal des Débats* a d'abord mise en lumière et qui a été éditée ensuite sous le titre de *Jugements histo- riques et littéraires.* « C'est de Sainte-Barbe, dit M. de Fé- » letz, que date cette vocation forte, cette pensée unique de » perfectionnement de l'éducation publique, qui, pendant » cinquante ans, ont occupé l'abbé Nicolle sans interrup- » tion, sans distraction. » Puis il raconte les premières

relations de l'ancien barbiste avec le duc de Richelieu :
« Ces deux âmes, dit-il, s'étaient rencontrées aux confins
» de l'Europe, et, si loin de leur patrie, toutes deux
» éprises de l'amour du bien public, généreuses et désin-
» téressés, s'étaient unies par tous les liens vertueux. »
Cet éloge de l'abbé Nicolle pourrait ne point paraître dé-
fectueux, si son auteur avait rappelé, en premier lieu,
l'importance, peu comprise d'abord, qui a été attribuée
par l'habile organisateur à l'enseignement de l'histoire,
dans son *Plan d'éducation ou Projet d'un collége nouveau* et, en second lieu, l'institution des concours d'a-
grégation. A la couronne que lui a faite l'académicien,
il manque ces deux fleurons, qui n'en auraient pas été les
moins remarquables, mais que, plus tard, a mis en un
juste relief une biographie substantielle et digne de la noble
existence de celui qui, préfet des études à Sainte-Barbe,
disait en 1790 : « J'ai dans moi comme un feu qui me
» dévore; c'est comme une fièvre de bien public (1). »
Assurément, il n'avait point travaillé à faire revivre
le régime du bon plaisir et du favoritisme le rec-

(1) *Vie de l'abbé Nicolle*, par l'abbé Frappaz. Lecoffre, 1857,
1 vol. in-12.

teur qui, par l'institution des concours d'agrégation, voulut attribuer à ceux qui s'en étaient ainsi rendus publiquement, contradictoirement, les plus dignes, les chaires des lycées et des facultés. Assurément, il n'était pas rétrograde dans ses idées, il ne craignait pas la lumière, il ne cherchait pas à mettre sous le boisseau la vérité de jadis, c'est-à-dire, l'histoire, celui qui, dans son *Plan d'éducation*, s'exprime ainsi : « Autrefois les jeunes gens » ne savaient de l'histoire que ce qu'ils en avaient appris » par l'explication des auteurs anciens, et on se plaignait » qu'une des parties les plus importantes de l'éducation » fût négligée. Ces plaintes ont été entendues : l'histoire » occupe aujourd'hui dans l'enseignement le rang qu'elle » y doit occuper..... L'enseignement de l'histoire durera » six ans : depuis la sixième jusqu'à la rhétorique (1). » Et l'auteur attribue à cet enseignement une telle valeur, il tient tant à ce qu'il soit fructueux, qu'il le confie au professeur de chaque classe, « pour éviter, dit-il, l'inconvé-» nient de faire apparaître chaque semaine un professeur » extraordinaire, qui n'a jamais l'autorité du professeur

(1) *Plan d'éducation*, Histoire, section II, art. 60.

» même de la classe, et, en outre, pour imposer aux pro-
» fesseurs des lettres l'heureuse obligation de savoir bien
» l'histoire, obligation qui est aujourd'hui si facile à rem-
» plir... Les professeurs spéciaux d'histoire, ajoute-t-il,
» peuvent être nécessaires dans les colléges royaux; mais
» cette nécessité n'existe pas pour les colléges particuliers :
» il y en a un à Paris (1), où, pendant plusieurs années, le
» professeur de chaque classe a été chargé de l'enseigne-
» ment de l'histoire, et cela n'empêchait pas les élèves
» d'obtenir de brillants succès, au concours général, dans
» cette partie des études. »

Les arts d'agrément avaient leurs heures bien déter-
minées, dans ce plan d'un collége nouveau. L'auteur n'entendait pas plus y faire des séminaristes qu'au collége
de Sainte-Barbe il n'avait cherché à en produire. L'étude
de la musique y était facultative à tout âge ; l'escrime, le
privilége des grands, et la danse celui des plus jeunes.
On ne demandait à ce dernier exercice que « de faire
» contracter aux enfants l'habitude d'un maintien dé-
» cent. » Le prudent organisateur craignait peut-être que
les adolescents n'y prissent trop de goût.

(1) C'était Sainte-Barbe même.

IX

M. Defauconpret. Sa longue et fructueuse direction. Ses soirées.

Après la mort de M. Henri Nicolle, il n'avait pas fallu chercher loin pour lui trouver un successeur comme directeur du collége : l'ordre hiérarchique l'indiquait, et plus encore le mérite. C'était le préfet des études du grand collége, M. Defauconpret, qui, par la nature de ses fonctions, placé le plus près de MM. Nicolle, en contact journalier avec eux, avait pu recueillir, plus complétement qu'aucun autre, leur pensée administrative, et qui l'avait toujours interprétée pour la plus grande prospérité de l'établissement. Il y avait toute justice à élever au poste de directeur cet habile et consciencieux ouvrier de la première heure ; dans une égale mesure, c'était aussi l'intérêt du collége.

M. Defauconpret apportait dans ce nouvel emploi autant

de qualités qu'il en fallait pour constituer un excellent directeur, notamment celles qui l'avaient distingué dans ses précédentes fonctions : c'étaient toujours la même assiduité scrupuleuse aux divers exercices, la même vigilance, une sorte de don d'ubiquité qui le rendait présent aux heures et aux lieux où on l'attendait le moins ; une perspicacité, une pénétration, une faculté investigatrice qui lui avaient valu un surnom gros d'éloges : celui de « furet. » On n'ignore pas la propriété habituelle d'expression que rencontrent, dans certaines occurrences, MM. les collégiens ; on sait l'heureuse précision des qualificatifs qu'ils trouvent, sans aucune fatigante recherche et comme sous la main, quand il leur plaît d'en attribuer à leurs chefs ou à leurs condisciples. La constitution physique de M. Defauconpret, une nature vive et agile, un regard aussi sûr que rapide, un travail facile, des preuves déjà faites, tout cela le rendait excellemment propre aux fonctions élevées qu'on lui confiait, et son âge, quarante ans à peine, en assurait pour longtemps le bienfait à ses administrés.

Les pères de famille qui, dans le chef d'un établissement universitaire, demandaient l'aptitude spéciale, le savoir classique, apprenaient avec satisfaction que M. Defauconpret, plusieurs fois lauréat du concours général, avait dignement débuté par le professorat, et ils pouvaient lire son nom à côté de celui de M. Alexandre, aussi professeur et plus tard de l'Institut, sur le dictionnaire français-grec, produit de leur savante collaboration. Ceux qui se préoccupaient avant tout d'une éducation pieuse pour leurs enfants, trouvaient, sur ce point capital, toutes les garanties désirables dans les antécédents du nouveau directeur, dans sa vie privée, dans son union avec une personne dont la famille était aussi pieuse qu'éclairée, et dans l'empressement avec lequel l'abbé Nicolle avait agréé ce jeune collaborateur. Enfin, aux nombreuses familles qui désiraient que leurs fils ne revinssent pas près d'elles, à la fin de leurs études, avec le cerveau chargé seulement de racines grecques et de prosodie latine, mais avec une initiation sommaire au langage et aux manières de la bonne société, avec le goût de la saine littérature et quelques notions sur les meilleures productions littéraires du jour, à ces familles-là le nom seul de M. Defauconpret semblait une réponse satisfaisante : Beaucoup savaient que le meilleur des traducteurs de Walter Scott, celui que l'illustre romancier plaçait le plus haut dans son estime, qui travaillait, pour ainsi dire, sous son regard, et avait son attache authentique, trouvait dans son fils, quelquefois un collaborateur, toujours un utile conseiller, et qu'il ne laissait passer dans les mains du public français aucune de ses traductions, de Walter Scott, de Washington Irving, de Fenimore Cooper, sans les avoir soumises à cet appréciateur délicat et plein de sûreté.

M. Defauconpret était si correct, si scrupuleux, si complet en toute chose où il se manifestait, qu'aux yeux de l'Université il pouvait paraître un pur universitaire, aux lettrés un adepte de la bonne littérature, et aux familles un administrateur d'une capacité toute spéciale, zélé, et imbu au degré le plus rassurant, des principes de religion et de morale qu'elles entendaient voir régner dans le collége de leur choix pour ce qu'elles avaient de plus cher.

Quant au zèle religieux du nouveau directeur, si l'on n'en avait eu des preuves moins extérieures, qui aurait pu en douter, lorsque les dimanches et fêtes, dès six heures du matin, l'hiver comme l'été, on le voyait entrer le premier dans la chapelle du collége, pour entendre la messe, qui précédait tous les exercices de la journée ? Pas plus que les églises, les chapelles n'étaient chauffées à cette époque : ce perfectionnement matériel ne comptait que parmi les futurs contingents ; cette concession n'était pas encore faite à nos natures amollies et dégénérées. Si rude que fût la température, si longuement célébré que dût être l'office du matin, si nombreux que fussent les chants et les morceaux à exécuter sur l'orgue par M. Durand, maître de chapelle, qui ne s'y épargnait en aucune façon, M. Defauconpret entendait tout : entré avant les autres, il sortait le dernier. Puis, il assistait, dans la cour de la chapelle, au défilé, le chapeau à la main, selon son habitude. Or, quelle était la tenue de ce chef de l'éta-blissement, à pareille heure et au cœur de l'hiver ? Avait-il au moins un pardessus quelque peu confortable, des chaussures fourrées, une double cravate ? Absolument rien d'un tel confort, qui aujourd'hui est devenu le strict nécessaire : pendant les dix années que j'ai pu le voir et le pratiquer, invariable m'apparut sa tenue : habit noir, cravate blanche, bas de soie le plus souvent et souliers peu couverts ; en substituant à ses gants noirs des gants blancs, il aurait pu se présenter, le soir, chez son ministre, chez le préfet de la Seine, dans toutes les maisons où il lui aurait fallu paraître en tenue. Nous avions froid ces jours-là, nous autres assistants, moins pour nous-mêmes que pour notre directeur. Mais nous le comprenions : son extérieur commandait le nôtre ; pour les maîtres et pour les élèves, il était l'exemple, la règle vivante, l'irréprochable tenue personnifiée. On ne se plaignait pas, on admirait et on cherchait à imiter.

La vigilance naturelle de M. Defauconpret s'était agrandie avec la sphère de son activité. Ouvert avec le jour, souvent avant lui, et ne se fermant qu'après ceux de ses auxiliaires, son regard réalisait toutes les constatations nécessaires au bien du service. Le directeur comptait sur lui pour le principal, et sur les autres pour l'accessoire. Le rapport quotidien ajoutait peu à ce qu'il savait par lui-même. Professeurs et maîtres étaient étonnés de voir qu'il en sût parfois plus long qu'eux-mêmes sur leurs élèves, et lorsqu'il venait, le samedi, donner lecture dans chaque classe des places méritées par les compositions, il pouvait dire si quelques-unes, parmi les défectueuses, n'étaient pas la conséquence de certaine étourderie à lui bien connue, et si d'autres, entre les meilleures, étaient le produit du travail, ou de la seule facilité, ou du hasard ; tant il s'était renseigné exactement sur la valeur de chacun. Dans la meilleure acception du mot, « furet » il avait été, et « furet » il restait, au profit de tous et à son propre honneur : le directeur n'avait rien perdu de cette faculté investigatrice à laquelle le préfet du grand collége avait dû son surnom. Il suivait d'aussi près que possible les errements de son prédécesseur, M. Henri Nicolle ; mais sa nature l'entraînait, quoi qu'il en eût, dans une voie différente : on l'entendait moins que son devancier, on le voyait davantage. L'un était la paternité, qui, en pardonnant les fautes, sait empêcher leur retour ; l'autre, la vigilance habile, qui en prévient un grand nombre. C'était dans celui-ci, une manière de prouver que, sous des dehors moins expansifs, il y avait en lui également un cœur bon et sympathique.

A toutes ces qualités venait s'ajouter le relief d'une modestie qui paraissait aller jusqu'à la timidité, même en présence des plus humbles. Si cette timidité était un embarras pour le directeur, à plus forte raison en devenait-elle un pour certains de ses subordonnés, qui, timides eux-mêmes, avaient besoin de se voir enhardis par leur chef, et dans la pensée desquels elle se traduisait à tort par quelque disposition supposée peu favorable à leur égard. Mais on ne tardait pas à reconnaître que le fond de cette nature était l'équité unie à l'intelligente bonté.

Bien qu'il se vit privé de l'appui de la Cour, qui avait été une des forces principales de la maison à son origine, et désormais chargé seul de sa direction, M. Defauconpret ne s'effraya point du fardeau ni de la responsabilité qui lui incombaient. Reconnus pour ce qu'ils valaient par les familles, par l'Université, par la Ville, par tous ceux qui avaient intérêt à les apprécier, ses nombreux et solides mérites, que lui seul semblait ignorer, ses efforts, dont tous étaient témoins, aidèrent le collége à traverser la crise de 1830, à sauvegarder son existence menacée, puis à reprendre une marche prospère, dans les nouvelles conditions que lui avait faites la révolution. Après comme auparavant, il demeura attaché à l'esprit et à la lettre de la constitution du collége : il était assuré que le succès en suivrait la fidèle observance. Il se fit une loi de n'opérer d'autres changements dans le personnel des professeurs et des maîtres, que ceux qui lui étaient imposés par la stricte nécessité, convaincu que, des mêmes ouvriers, des mêmes instruments de travail et des mêmes matériaux résulteraient des produits identiques. Aussi vit-on la sé-curité renaître et le travail refleurir dans cette maison, en même temps que renaissaient partout le travail et la sécurité sous un gouvernement qui, né d'une révolution, ne se montrait nullement révolutionnaire. Les vides se comblèrent peu à peu ; les chambres inoccupées se peuplèrent de nouveaux hôtes, et aux jours des couronnes du concours général, on entendit retentir le nom du collége Rollin dans la grande salle de la vieille Sorbonne, comme on y avait entendu précédemment celui du collége Sainte-Barbe : sous son nouveau nom, le collége redevenait égal à lui-même. Témoin de ce fructueux labeur, la Ville put se féliciter de nouveau d'une adoption qui ajoutait à son relief, tout en demandant peu à son budget, et, chaque année, au 1er janvier, quand M. Defauconpret, en compagnie des professeurs, au sortir du ministère de l'instruction publique, allait présenter ses vœux et ceux de son personnel à l'Hôtel-de-Ville, il en rapportait toujours des éloges ; il s'y mêlait peu de desiderata. M. de Rambuteau, préfet de la Seine, de même que son devancier, M. de Chabrol, n'avait à rendre à la Ville que d'excellents témoignages du directeur de son collége.

C'est que, pendant sa longue administration, qui a été un des mérites du règne de Louis-Philippe, un de ses titres à la reconnaissance publique, le comte de Rambuteau, particulièrement, eut le temps d'apprécier la valeur de M. Defauconpret, et spécialement cette tendance continuelle à l'effacement de soi-même, qui rehaussait ses autres qualités. L'estime et la sympathie du préfet amenèrent celles du conseil municipal, et, dans de telles dispositions, il ne fallait pas insister beaucoup auprès de ce dernier pour obtenir les améliorations matérielles sollicitées en faveur du collége, par le directeur, proposées ensuite et soutenues par le préfet au conseil municipal. Entre ces deux administrateurs, on aurait pu reconnaître, malgré la différence de leur situation et de leur œuvre respective, des traits de ressemblance, qui devaient leur inspirer une mutuelle estime et les concilier l'un à l'autre : ne s'épargnant point au travail et en mesurant peu la durée, corrects dans la tenue et distingués dans les formes, discrets, peu discoureurs, chacun d'eux semblant inviter le public à le juger par ses actes et non par ses paroles, marchant droit au but, sans forfanterie, tous deux, enfin, propres à caractériser, dans des sphères différentes, un régime laborieux et fécond.

Pour terminer par un petit détail ce rapprochement entre deux fonctionnaires habiles et tout à fait pratiques, d'une époque qui en a produit beaucoup, constatons, au compte du plus élevé des deux, une légère et plaisante infériorité qui, d'ailleurs, se trouvait amplement compensée. Si la parole en public était plus familière au comte de Rambuteau qu'à M. Defauconpret, si elle arrivait à ses auditeurs nette, claire et aussitôt comprise qu'elle se produisait, il n'en était pas de même de son écriture. Les caractères dont il la composait, et qu'on ne peut guère honorer de ce nom, étaient plutôt des espèces d'hiéroglyphes, qu'on eût dit tracés tout exprès pour exercer la perspicacité d'un Champollion, et la patience de ses meilleurs amis, de ceux-là mêmes pour qui ils étaient une habitude. C'était de parti pris, disaient les médisants, qu'il les établissait ainsi sur le papier ; c'était un voile qu'il jetait à dessein sur une défectuosité dont ses ancêtres n'auraient sans doute tenu aucun compte, dont ils se seraient peut-être vantés, s'ils n'en avaient point ri tout au moins, mais que lui-même, quoique gentilhomme, quoique comte d'ancienne date, ne tenait point

6.

à manifester ; un détail insignifiant, moins que rien, pour les grands seigneurs et les grandes dames d'autrefois, mais quelque chose pour un préfet de la Seine sous le règne de Louis-Philippe : une orthographe brillant complétement par son absence. Il faut pourtant le reconnaître : ces informes linéaments ressemblaient plus encore à une écriture que ceux qu'il m'a été donné quelquefois d'essayer de déchiffrer, ainsi que celle de M. de Rambuteau : l'écriture de son chef hiérarchique, de noble lignée aussi, le comte Duchatel, alors ministre de l'intérieur. Aux meilleurs yeux, une loupe n'eut pas été inutile pour découvrir de l'écriture lisible dans ces petites stries horizontales qui la figuraient. Quant à la signature qui les terminait, quant à celle de M. de Rambuteau également, en vain eût-on cherché à déchiffrer les noms qu'elles représentaient ; les seuls initiés en possédaient la clef.

En peu d'années, le collége Rollin avait retrouvé son rang parmi les autres colléges de Paris, grâce à l'habileté de son directeur et au zèle éclairé de ses professeurs, secondés par les maîtres. Bien vu de la Ville, il le fut aussi de la Cour. Le roi se chargea de le lui témoigner lui-même. Pendant l'été de 1838, dans les dernières semaines qui précèdent le temps des vacances, les colléges de Paris furent invités successivement à visiter le palais de Versailles, sous la conduite du roi et de son plus jeune fils, le duc de Montpensier. Un lunch, servi dans l'Orangerie, terminait cette joyeuse visite. Quand fut venu le tour de Rollin, l'accueil royal ne fut ni moins empressé ni moins gracieux pour lui que pour ses devanciers. Tout l'intérieur du palais fut visité, parcouru, presque au pas de course, par cette pétulante jeunesse : le royal cicérone, infatigable comme elle, avait fait un appel à ses jambes de quinze ans, et ses jambes de quinze ans y avaient répondu. Dans sa tenue habituelle de l'été, habit marron, gilet blanc, pantalon nankin, chapeau gris, on eût dit un riche bourgeois, tout joyeux de faire les honneurs de sa maison à des visiteurs désirés et attendus. Entouré comme il l'était, pressé de tous côtés, disparaissant, pour ainsi dire, au milieu d'une foule ravie d'entendre cette voix sonore et sympathique, de recueillir des explications qui prévenaient tous les désirs, le successeur de Louis XIV semblait là, dans ce palais du grand roi, un simple père de famille s'empressant de faire fête aux fils de ses amis,

aux amis de ses fils. Dans les salles du musée de sa création, à plusieurs jeunes visiteurs qu'il connaissait déjà,
ou dont il se faisait dire les noms, il montrait, repro-
duites sur les toiles historiques, les glorieuses actions de
leurs ancêtres ou de leurs pères, les champs de bataille
sur lesquels leur sang avait coulé ; à tous, dans la salle
de spectacle, où on les avait réunis et un peu pressés,
comme un essaim d'abeilles dans une ruche, il put dire
quelques mots, bien trouvés parce qu'ils étaient naturels ;
il put manifester sa joie réelle du présent et ses espérances
pour un avenir qu'à juste titre il croyait plus assuré. Dans
l'Orangerie, à la place des hôtes silencieux qu'elle abrite
l'hiver, s'étendaient de grandes tables chargées de brioches,
de babas, d'un pétillant champagne que mons Painel, le
régisseur du collége, n'avait pas été appelé à baptiser, et
qui, partant, n'avait rien de commun avec « l'abondance »
quotidienne de la rue des Postes. Là, il surgit à ce moment une animation difficile à contenir, une gaîté dont
l'auguste amphytrion encourageait les explosions, des
cris, vingt fois répétés, de « Vive le roi ! Vive la famille
royale ! » et, comme bouquet, en échange des remerci-
ments du directeur, de gracieux compliments à l'adresse

de celui-ci sur la bonne tenue et la distinction de cette belle jeunesse qu'il venait de présenter à Versailles.

Ce n'était pas en effet sous un directeur tel que M. Defauconpret que pouvait péricliter la distinction, déjà devenue traditionnelle, de Sainte-Barbe-Nicolle. Sous une royauté bourgeoise, le collége Rollin s'était fait forcément plus bourgeois que ne l'avait été Sainte-Barbe, mais il n'en demeurait pas moins un collége d'élite, même parmi ceux de Paris. Il n'était plus le collége privilégié de la Cour : tout près de lui, il y en avait un autre qui, depuis plusieurs années, comme on le sait, avait l'honneur de compter parmi ses élèves les fils mêmes du roi ; mais Rollin n'en était pas moins recherché alors par de nobles familles, par des amis dévoués à une royauté que des mérites de plus en plus éprouvés semblaient enraciner dès lors dans le sol de la France. N'avait-il pas à cette époque les jeunes Bocher, que devait tant honorer plus tard une intelligente fidélité au malheur de la proscription ? Ne comptait-il pas, entre autres notabilités, trois jeunes pairs de France, survivants de l'hérédité de la pairie, destinés à siéger au Luxembourg quand ils auraient l'âge fixé par la Constitution, les jeunes comtes de Montalembert, Germain et d'Aboville ? Moins aristocratique sous un régime qui l'était lui-même moins que le précédent, il restait le collége de la haute fashion. A la meilleure société il offrait les mêmes garanties qu'auparavant, de belle éducation à la fois et de solide instruction. Et la meilleure part dans ce succès revenait à M. Defauconpret.

Tous ceux qui, dans leurs rapports avec cet homme distingué, n'avaient affaire qu'au directeur, ne soupçonnaient pas que ce chef, si classique, si correct, à l'air parfois timide et contraint, pût devenir tout autre à de certaines heures. Invariable depuis le matin jusqu'au soir, sa tenue l'aurait fait imaginer invariable lui-même et tout d'une pièce, à toutes les heures de sa vie. Pourtant il n'en était rien : en temps et lieu, le directeur savait faire place à l'homme de la famille et à celui de la société, si bien qu'on ne retrouvait plus l'un dans les deux autres : il y avait complète transformation, pour le double agrément de sa famille et de sa société.

Cette qualité avait survécu en lui à un de ces événements qui, trop souvent, bouleversent et transforment pour toujours les natures jusque-là les plus sociables. Il avait rencontré une de ces femmes qui sont un trésor pour un homme tant qu'elles séjournent à ses côtés, et, si Dieu les rappelle à lui, une substance qui nourrit son âme tout le temps qu'il survit. Elle mourut jeune, lui laissant trois enfants, avec la tâche de la faire revivre en eux, pour lui et pour tous ceux qui l'avaient aimée. Il n'y faillit point, et lorsqu'après quelques années de deuil et de silence, cette maison se rouvrit, la maîtresse semblait toujours là pour l'animer : c'étaient encore sa grâce, son esprit, le charme qu'autrefois elle répandait autour d'elle à son insu. Ceux qui lui survivaient s'étaient appliqués à la maintenir vivante au milieu d'eux, à la reproduire, avec ses aimables traits, dans sa société, heureuse de la retrouver. De la mère on pouvait juger par les enfants, malgré leur jeune âge ; de l'épouse, par le mari, — un mari est souvent un fidèle écho de la femme qu'il a aimée ; — de la sœur, par les frères, surtout par le plus distingué d'entre eux, par celui qui, élève à Sainte-Barbe, disputait à Montalembert les prix de leur commune classe, dans les compositions du collége et dans celles de la Sorbonne, avant de disputer à de savants concurrents une chaire qu'il occupa pendant nombre d'années à l'École de droit et qu'il ne quitta qu'avec la vie.

Edouard Bonnier, cet aîné des frères de Mme Defauconpret, ne fut pas seulement un savant professeur de droit, et, à ses heures, par un délassement digne d'un esprit aussi sérieux, un collaborateur lumineux et convaincu, aux publications périodiques les plus conservatrices, sur des actualités morales et politiques ; c'était aussi un lettré, dans la meilleure acception du mot ; et il trouvait un autre genre de délassement à le prouver, faisant ainsi un nouvel honneur à la source où il avait puisé ce goût de la saine littérature. A ce dernier titre, et surtout comme frère de Mme Defauconpret, Edouard Bonnier avait une grande valeur pour le salon du directeur de Rollin, et cette valeur parut au moins doublée, lorsqu'il y eut présenté sa jeune femme et son beau-père, M. Ortolan, un de ses éminents collègues à l'École de droit. Parmi les contemporains survivants de ce savant professeur, qui ont pu le voir et l'entendre dans quelque soirée, soit chez lui soit chez des amis privilégiés, qui ne se rappelle le gracieux homme du monde, l'auteur sans prétention, et non sans mérite, de poésies nommées par lui, en vue de leur destination, « *Les Enfantines ?* » Dans les salons, charmés de sa présence, qui ne s'est joint aux sollici-. teurs, s'il n'a pris lui-même l'initiative d'une sollicitation, pour obtenir la primeur de quelque nouvelle composition, pour applaudir à l'entrain, à la grâce d'un récit qui était pour tous un des plus intéressants intermèdes de la réunion ? (1).

Un autre intermède des trop rares soirées de M. Defauconpret, qui bornait ses invitations aux siens, aux fonctionnaires du collége, et à un très-petit nombre d'autres personnes ayant, à ses yeux, pour principal titre, — celui qui me recommandait moi-même, — d'avoir appartenu au collége et de l'aimer toujours, c'était la voix de Mme Bonnier-Ortolan. Vive, enjouée, pénétrante,

(1) Un digne hommage a été récemment rendu à la mémoire de l'éminent professeur, par M. Antony Rouillet, avocat, lauréat de l'Institut, dans une *Notice* qui a obtenu la médaille d'or au dernier concours de l'Académie de Législation. L'objet de ce concours était la biographie de M. Ortolan. « Jurisconsulte par son grand savoir. » dit M. Rouillet, par un labeur de plus de quarante années, par de » fortes études, et par un goût prononcé pour la science du droit, il » fut aussi, à ses heures, — et elles étaient fréquentes, — un lettré » du goût le plus fin et le plus charmant... Ortolan est resté *jeune* » jusqu'à la fin de sa vie, justifiant une fois de plus cette remarque » des anciens. que c'est comme un privilége de ceux qui enseignent. » de se conserver longtemps jeunes d'esprit et de cœur. »

elle semblait un écho mélodieux de celle de son père disant quelqu'une de ses *Enfantines*. Dans les récits du père et les chants de sa fille, il y avait comme un accord parfait et plein de charme.

Les soirées de M. Defauconpret, en ces jours de l'année où Terpsichore régnait même dans les salons les plus sérieux, c'est-à-dire, aux jours gras, étaient terminées par la danse, la danse pour tous et pour toutes. En vain quelques-unes ou quelques-uns alléguaient leur âge, en vain présentaient-ils tel autre déclinatoire plus ou moins plausible; le maître de la maison faisait de telle sorte, qu'il n'y avait exception pour personne. Cherchait-on à se dissimuler dans un angle du salon, dans quelque petite pièce moins éclairée que les autres, vif, alerte, servi par ce don d'ubiquité qui ailleurs lui faisait tout voir, tout entendre, il démêlait bientôt une intention évasive, et, bon gré mal gré, il fallait s'exécuter. Il n'admettait la dispense que pour les aumôniers et pour une ou deux tables de whist personnifiées par des douairières et par leurs partners, tous sexagénaires authentiques et incontestés. Il n'avait pas besoin du reste de recourir à la menace formulée par le fameux Pacha de la pièce des

Variétés, alors dans sa réjouissante nouveauté : un lien commun unissait les assistants ; il régnait là un courant de franche et cordiale gaîté qui gagnait tout le monde ; on se trouvait comme en famille. Le maître de la maison rendait facile à Mme Guérin, sa sœur, la tâche d'en faire les honneurs. Peu ou point de ces visages nouveaux qui, au cours d'une soirée, sont pour des maîtres de maison un embarras de tous les instants : les dames étaient, pour la plupart, des relations habituelles de Mme Guérin ; leurs maris, des administrés ou des collègues de son frère, tous connus et des mieux notés dans les hautes régions universitaires : c'étaient surtout Mmes Poret, Rinn, Paret, Landois, Tournet, Durand, Bouillet, Le Termelier, Bellaguet, quelques-unes de ces dames ayant leurs filles pour parure principale, et toutes, les plus jeunes autant que les plus âgées, alliant aux plus solides qualités une distinction spéciale, toutes personnes d'excellente compagnie. On pouvait apprécier une petite partie de leurs mérites dans ces soirées intimes : converti alors en chef d'orchestre, le maître de chapelle, M. Durand, ne comprenait certainement pas dans les moindres avantages de quelques-unes de ces dames leur empressement à lui venir en aide tour à tour, en le remplaçant au piano pour les valses et les contredanses ; et, quelle que fût sa compétence, il convient d'ajouter, pour être juste, que cette exécution ne perdait rien à être remise en des mains féminines non plus qu'à être rehaussée de l'accompagnement d'une flûte et d'un cor d'harmonie justement estimés, l'une par Leplus, première flûte à l'Opéra-Comique, l'autre par Dauprat, premier cor à l'Opéra : professeurs au collége, ces artistes avaient pu apprécier le mérite des deux auxiliaires de M. Durand, fonctionnaires au collége et instrumentistes par récréation. En effet, Leplus et Dauprat avaient vu les plus indifférents à la musique prêter une oreille attentive aux sons faciles et charmants que les deux amateurs, MM. Boutard et Filhos, tiraient de leurs instruments, et s'étonner d'en être tout émus.

Trop petite aurait été la maison du directeur pour ces réceptions, s'il eût tenu à les avoir nombreuses, et si ses goûts n'avaient été en rapport avec les étroites dimensions de sa demeure. Chaque pièce semblait un diminutif de ce qu'elle aurait dû être. Le jardin était à l'avenant : une miniature. Mais cette demeure suffisait à un ennemi de l'apparat et de l'étalage. Contiguë au collége, dont elle formait une annexe, elle en facilitait la surveillance : la cloche ou le tambour y envoyaient le signal de tous les exercices. C'est là que M. Defauconpret partageait son temps entre le collége, dont il assurait de plus en plus la prospérité, ses enfants, qu'il rendait dignes de leur mère et de lui, quelques parents, les lettres classiques et les soins à donner aux éditions successives des œuvres de Walter Scott et d'autres romanciers en renom, traduits par son père et par lui-même.

Dans les dernières années de sa direction, il eut l'idée, surtout pour en faire profiter sa jeune famille, pendant certains jours de la belle saison, et au moins pendant les vacances, de remplacer la maison, le jardin, et l'air où il vivait concentré depuis longues années, par un air plus pur, un jardin justifiant ce nom, et une maison animée par d'autres murmures que ceux du collége, par d'autres aspects que celui de la rue des Postes d'un côté, et, de l'autre, celui des réfectoires, sans parler des émanations culinaires, dont il n'était pas facile de la garantir. Il trouva à Marly le modeste immeuble qu'il ambitionnait, et là, cultivant ses fleurs, pensant à son collége bien-aimé, à ses fils, qui entraient dans d'honorables carrières, il s'essayait, en ses jours de liberté, aux loisirs d'une retraite que plus de trente années de labeur et de succès professionnels lui avaient amplement méritée. C'est là que le visitaient de fidèles amis, surtout la famille Bonnier-Ortolan, témoin fréquent de ses jouissances champêtres. Vers cette partie des siens, il se sentait un entraînement particulier, suffisamment expliqué par d'exquises qualités d'esprit et de cœur, dont quelques-unes devaient bientôt se montrer héréditaires. Quand, sur sa demande, la retraite lui fut arrivée, sa bonne constitution, qui semblait défier les atteintes de l'âge et éloigner les infirmités, faisait espérer pour lui à sa famille, à ses anciens administrés, à ses innombrables élèves reconnaissants, un long intervalle entre cette retraite et sa fin : il n'en fut rien : la mort arriva promptement, comme si elle eût voulu prouver, une fois de plus, qu'il est des hommes pour qui le travail et la vie doivent finir en même temps.

De même que sa maison, à de certains jours, n'était pas été assez spacieuse pour autant d'invités qu'il en eût voulu, de même l'église de Saint-Étienne-du-Mont ne le fut point assez pour la foule qui se pressa à ses obsèques. On regretta l'absence d'une seule personne, sans en être surpris pourtant : on savait que, pour la même cause, ses larmes et ses prières s'épanchaient ailleurs. M. Defauconpret avait élevé ses trois enfants comme les eût élevés Mᵐᵉ Defauconpret elle-même, si elle eût assez vécu, c'est-à-dire, en vue de la famille et de la société ; il s'était appliqué à leur en inspirer le goût autant qu'il l'avait lui-même. Il y avait réussi pour ses deux fils, et, après les avoir établis selon leur vocation et selon ses désirs, il comptait bien établir sa fille, à son tour, dans les mêmes conditions. Que pouvait-il manquer à une jeune personne élevée par un tel père ? Elle lui devait de solides mérites ; elle avait hérité de ceux de sa mère. De l'un et de l'autre elle tenait une piété qui la rendait encore plus désirable à tout homme sérieux. Pressée de faire un choix parmi ceux qui affluaient, un jour elle dit à son père qu'elle l'avait fait, définitif, irrévocable. Bientôt en effet Mˡˡᵉ Defauconpret entrait dans une de ces maisons où il y a comme un mur d'airain élevé entre le monde et celles qui les habitent. Bientôt la novice devenait religieuse cloîtrée. Voilà pourquoi Mˡˡᵉ Defauconpret n'était pas à Saint-Étienne-du-Mont le jour des funérailles de son père.

X

Les Préfets et les Sous-Préfets. Les Professeurs.

Seul chef de l'établissement après la retraite de M. l'abbé
Nicolle, M. Defauconpret s'était bien gardé de modifier le
personnel qui relevait de lui, bien différent en cela de ces
administrateurs qui croiraient ne l'être point, et surtout ne
point le paraître suffisamment,—à l'apparence ils tiennent
souvent autant qu'à la réalité, — si, dès le début, ils ne
taillaient et rognaient à merci autour d'eux, si aux anciens serviteurs, témoins qui les importunent, juges qu'ils
redoutent, ils n'en faisaient succéder de nouveaux, appro-
bateurs certains de leurs faits et gestes. M. Defauconpret
avait vu ses collaborateurs à l'œuvre, sous son prédécesseur, et il s'attachait à eux comme un ouvrier sérieux
s'attache à des instruments éprouvés.

M. Ballard-Luzy avait succédé à M. Defauconpret comme

préfet des études. Ce n'était pas un nouveau venu au collége : il avait été choisi parmi les meilleurs professeurs, et
il était apprécié selon ce qu'il valait par le nouveau directeur. Délicate et frêle organisation au physique, il apparaissait surtout comme une intelligence et un caractère.
Un jugement solide, produit de beaucoup d'étude, une
volonté ferme, tempérée par du tact et de la bonté, une
pratique déjà longue des élèves, un savoir-vivre et une
aisance de conversation d'un grand prix dans les rapports
des chefs avec les familles, telles étaient chez M. Ballard
les qualités qu'une modestie et une réserve naturelles ne
pouvaient voiler que pour un temps aux yeux de ceux qui
avaient affaire à lui. Sans l'entendre parler beaucoup,
sans le voir se prodiguer aucunement, on comptait avec
M. Ballard ; ses appréciations avaient partout de l'autorité. Il était le conseil incessant et sûr du directeur, un
guide estimé et recherché par les professeurs, les maîtres
et les élèves. Lorsque, le samedi, dans chaque classe, depuis la philosophie jusqu'à la huitième, le directeur venait
donner lecture des places obtenues pendant la semaine, il
était accompagné de M. Ballard, silencieux et impassible.
Mais à tous ce silence et cette impassibilité paraissaient

palpitants d'expression, et l'acte de présence du préfet de
études, qui s'abstenait de toute observation, doublait la
valeur de celles du directeur, qui lui-même n'en était pas
prodigue. M. Ballard avait professé l'histoire à Sainte-
Barbe, avec distinction, même après Michelet, — après le
Michelet de la première époque, — et longtemps il resta
de ses amis. Il avait marié une de ses nièces à M. Poret,
professeur de philosophie, et un de ses neveux à
Mlle Tournet, fille du préfet des études du petit collége :
c'étaient là des attaches qui, au collége comme au dehors,
avaient ajouté à sa considération, en même temps qu'à
celle de sa famille. Il était l'âme du grand collége. Il quit-
tait peu son cabinet, et pourtant, son action pénétrait
partout dans son ressort, comme si partout il eût été
présent. C'est qu'il l'était en effet, par lui-même d'abord,
et surtout par les yeux et par les oreilles de son actif collaborateur, M. Sauvalle, sous-préfet des études. A l'un
incombait la direction du travail, à l'autre le soin de la
discipline. Un regard pénétrant, une parole sobre, un sérieux soutenu, un extérieur qui imposait par sa constante
correction, une vigilance qui le rendait présent à tous les
exercices, à tous les mouvements du grand collége depuis

l'heure du lever jusqu'à celle du coucher, avaient acquis à M. Sauvalle une autorité incontestée, sur les plus âgés comme sur les plus jeunes, sur les plus rétifs comme sur les plus doux des élèves. Dans sa tenue, sévère et de bon goût tout à la fois, il y avait pour ces jeunes gens que le monde attendait, un avertissement permanent, un exemple fructueux. Cet extérieur imposant était exempt d'affectation. A plusieurs il inspirait la crainte : c'était celle dont il a été écrit qu'elle est le commencement de la sagesse.

Vérité pour le grand collége, cette parole sacrée ne représentait certes pas une erreur de l'autre côté du mur, à l'Est, c'est-à-dire, au moyen collége. L'âge de sa jeune population était de douze à quinze ans, et l'on en pouvait dire encore : « Cet âge est sans pitié. » Tel, en effet, il est au collége pour les maîtres trop débonnaires, pour ceux que la nature n'a point doués d'une qualité sans laquelle toutes les autres sont impuissantes sur un élève, celle qui le soumet à un maître, tout d'abord, et se manifeste sans aucun effort, celle qui réside dans la voix, dans le geste, dans l'ensemble de la personne. Pour avoir de douze à quinze ans, on n'est point sourd, tant s'en faut, à la voix

de la raison, mais à condition de trouver dans celle-ci
la note dominante, l'autorité, qui s'impose à première vue.
C'était là le mérite essentiel du préfet et du sous-préfet
des études au moyen collège, de MM. Boullard et Ruby.
Le premier, quand on le voyait dans la cour, avec son
chapeau à larges bords qui dissimulaient en partie un
visage rarement visité par le sourire et la gaîté ; avec sa
redingote brune, dont la longueur, destinée peut-être à
grandir une taille médiocre, assombrissait d'autant toute
la personne ; quand on entendait sa forte voix, qui ne se
livrait à aucune excursion hors des tons graves, on ren-
trait volontiers en soi-même, et si l'on y trouvait, prêt à
surgir, quelque mouvement d'indiscipline, on se hâtait
de le refouler. Une démarche calme, un regard placide et
toujours empreint d'autorité, une parole mesurée, un extérieur toujours soigné, distinguaient le sous-préfet, M. Ruby,
et faisaient de lui un des fonctionnaires les plus obéis.
Son chef de file et lui savaient maintenir dans les voies
de la discipline et de l'ordre la partie des élèves qu'ils
avaient à gouverner, et qui, à raison de son âge, n'était
ni la moins habile à trouver dans les maîtres le défaut de
la cuirasse, ni la moins prompte à s'émanciper.

Au petit collége, il y avait bien quelques sujets devant lesquels il était prudent de se montrer toujours sérieux et de ne point trop désarmer, au moins en apparence ; précédemment on a eu la preuve d'une telle nécessité ; mais c'était l'exception. Dans cette enceinte, dont la population était âgée de huit à douze ans, on se trouvait au milieu des charmantes ingénuités et des grâces d'une enfance préparée par les seules tendresses de la famille à la vie du collége, et qui y apportait, non de la disposition au désordre, mais le besoin d'aimer ceux qui représentaient les parents. Parmi les chefs qu'ils voyaient chaque jour, quels remplaçants plus sympathiques ces enfants pouvaient-ils souhaiter qu'un préfet et un sous-préfet des études comme MM. Tournet et Boutard? Sur quels visages plus attrayants, plus amis de l'enfance, pouvaient-ils chercher à retrouver les doux sourires de la maison paternelle? Prédestinés par la nature à leurs fonctions, MM. Tournet et Boutard étaient, chacun de son côté, comme un composé, parfaitement réussi, du maître un peu, du père beaucoup, et de la mère aussi dans une large mesure. Ils savaient que les grands défauts qu'ils avaient à combattre étaient la légèreté et l'étourderie, et que leur tâche principale consistait à faire aimer le collége à ces nouveaux venus. Ils y réussissaient si bien et si rapidement, que certaines mères, toutes joyeuses qu'au fond elles se sentissent de ce succès, paraissaient quelque peu contrariées de l'avouer, dépitées et presque jalouses. En effet, si quelques-unes avaient nourri *in petto* le vague espoir d'un insuccès, qui pût les faire rentrer en jouissance complète et journalière de leur chère progéniture, il y fallait renoncer dès lors et faire contre fortune bon cœur : l'épreuve avait été décisive : l'enfant était acquis au collége. Ce qu'il fallait de précaution, de tact, d'expérience, pour acclimater cette frêle plante de serre chaude, pour obtenir que, loin de s'étioler sur un sol si différent de celui d'où l'on venait de l'extraire, elle y devînt florissante et vigoureuse, c'est ce que la mère ne tardait pas à constater, et sa reconnaissance se mesurait bientôt à la valeur, souvent inespérée, des fruits qu'elle devait à une courageuse résolution. Aussi, n'était-il aucun préfet, aucun fonctionnaire du collége, plus recherché, plus entouré, plus remercié que M. Tournet. Parmi ces jeunes mères si empressées, c'était à qui en obtiendrait pour son fils quelques soins particuliers, quelques directions spéciales. La confiance était illimitée

et il en revenait une part notable au sous-préfet M. Boutard, affectueuse nature, vouée tout entière à cette œuvre
d'intelligente et douce paternité. M. Tournet avait des
antécédents qui le rendaient apte à son emploi : il avait
professé dans un des bons colléges de province, du ressort
de l'académie de Paris, celui de Châlons-sur-Marne, et de là
il avait apporté à Sainte-Barbe tout autant de savoir professionnel et de pratique qu'il en fallait pour diriger dans
les meilleures voies les élèves, les maîtres et les professeurs de son petit collége.

Le professeur le plus élémentaire de ce collége, M. Desanlis, avait inspiré à l'autorité supérieure toute confiance
pour le succès de l'œuvre longuement préparée, et qui
semblait une prochaine réalité : l'initiation du duc de
Bordeaux, de l'héritier du trône, aux études universitaires, à la vie du collége, sur les bancs de Sainte-Barbe.
M. Desanlis, de Bignicourt-sur-Saulx, avait fait d'excellentes études, non loin de Châlons, au collége de Vitry-
le-François, établissement de plein exercice, auquel des
Pères de la Doctrine avaient donné, dès avant la Révolution, une certaine renommée. M. Desanlis père, ainsi que
le pratiquaient, à cette époque, bon nombre d'agri-

culteurs aisés de la Champagne, avait étudié et appris Virgile et Horace, avant de manier la charrue, et de ses deux fils il avait fait l'un cultivateur comme lui, et l'autre professeur. Ce n'était pas le jeune cultivateur, qui, à Bignicourt-sur-Saulx, pouvait réciter, ou citer à propos, le moins de vers du poète de Mantoue notamment, qui fournissait souvent une arène aux luttes de mémoire des deux frères. Si le professeur pouvait débiter en entier quelque chant de l'*Énéide*, l'agriculteur prenait sa revanche avec les *Géorgiques*, et si la mémoire de l'un ou celle de l'autre venaient à défaillir, elles trouvaient une aide dans la mémoire du père. Au collége de Vitry, pas plus que dans les autres établissements de plein exercice, à cette époque, le programme des études n'était chargé à outrance : on ne demandait à la mémoire des élèves que ce qu'elle pouvait retenir sans trop de fatigue dans le présent, et mûrir fructueusement pour l'avenir ; mais on exigeait plus alors que ce qu'imagina de demander plus tard un ministre de l'instruction publique, aussi révolutionnaire en matière d'enseignement qu'en politique, l'auteur de la célèbre circulaire du 27 septembre 1872. Ce que demandait ce ministre issu de la révolution du 4 septembre, c'étaient, on se le rappelle, « de simples promenades à travers les auteurs grecs et latins. » Dans ces purs milieux universitaires d'autrefois, où on ne prévoyait guère un tel bouleversement pour l'avenir. Homère et Virgile étaient des divinités qui recevaient un culte incessant ; on les recommandait tous les jours à la jeunesse, non pas seulement comme des oracles du bon goût, mais aussi comme des sources de sain jugement, de sagesse, et même de succès, pour nombre de carrières. M. Desanlis en fournit la preuve. Homère et Virgile, bien appris, bien retenus, n'avaient pas été pour lui des superfluités, lorsqu'après 1830, ayant quitté l'Université pour le barreau, il prit là un rang assez distingué pour que le général comte de Fernig lui donnât sa nièce en mariage, et pour prouver qu'il aurait pu s'élever plus haut dans cette carrière, s'il n'était point mort à la fleur de l'âge. Eug. Millon, élève du collège de Châlons, serait, s'il fallait en choisir encore à cette époque, dans une spécialité différente, un autre exemple de l'excellence des études classiques traditionnelles.

A Sainte-Barbe, dans une modeste chambre du petit collège, méditait, et travaillait ardemment, un jeune maître d'études, dont la carrière définitive était, pour lui alors, une incertitude, un problême ; mais déjà l'on pouvait constater que ses aspirations les moins équivoques le portaient vers la chimie. Quelquefois, dans cet humble réduit, se réunissaient d'anciens condisciples, des amis, alors associés pour de nouvelles études, et là, au milieu d'appareils peu compliqués, le futur professeur de la science des Thénard et des Gay-Lussac, s'exerçait aux manipulations et à l'enseignement oral. Les vers latins qu'il avait autrefois composés avec autant de goût que de facilité, et « où il excellait, » dit son biographe (1), ne lui furent point une entrave. A Châlons, comme à Vitry, on faisait alors la meilleure part, dans le programme des études, aux œuvres immortelles que nous a léguées l'antiquité. A chaque pas, pour ainsi dire, on les rencontrait, et l'on se trouvait imprégné, à son insu et pour toujours, de leurs ineffables parfums. Maître d'études à Rollin pendant plusieurs années, Eug. Millon sentit se développer son irrésistible vocation ; il put se préparer à une carrière qu'il parcourait avec un succès qui n'étonna que lui seul, lorsque la mort vint le frapper, lui

(1) Faure, *Mémoires de la Société d'agriculture. sciences et arts de la Marne*. Année 1868.

aussi, avant qu'il eût donné tout ce que portait en elle sa féconde intelligence. Docteur en médecine, professeur de chimie au Val-de-Grâce, puis pharmacien en chef de l'armée en Algérie, auteur ingénieux et des plus estimés dans sa spécialité, en communication fréquente avec l'Académie des sciences, où, à peine âgé de vingt-cinq ans, il lisait des mémoires attentivement écoutés, et qui l'eût fait l'un des siens s'il eût vécu plus longtemps, il vécut assez cependant pour se voir apprécié et consulté par les chimistes éminents de l'époque, par les Pelouze, les Regnaud, les Thénard, et honoré par le plus illustre de tous, l'arbitre de la science alors, « le grand justicier de la chimie, » Berzélius, qui, entre autres appréciations de la valeur du jeune chimiste, formulait celles-ci : en 1844 : « M. Millon a » publié un très-beau travail sur les degrés d'oxydation ». du chlore, et déjà j'ai mentionné sa découverte de l'acide » chloreux ; » et en 1843 ; « La méthode que M. Millon » a suivie pour le préparer est aussi ingénieuse que sim- » ple. »

Ce n'était pas sans avoir fait de sérieux efforts pour les retenir, ni sans regrets, que l'administration du collége voyait s'éloigner d'elle des maîtres et des professeurs en qui elle avait pu constater les aptitudes qu'elle recherchait ; et, grande était sa satisfaction, mutipliés et délicats ses soins pour les conserver, lorsqu'elle avait rencontré des sujets qui à ces aptitudes joignaient la résolution de confondre leur existence avec celle du collége. Tels se montrèrent pour le petit collége, et tels y demeurèrent pendant de longues années MM. Gougeon, Filhos et Carrau ; le premier, venu de la Normandie, les deux autres, du midi de la France. Maîtres d'abord, selon la règle établie, puis professeurs, ils furent pour le collége une bonne fortune. Là, ils trouvèrent satisfaites leurs modestes prétentions à la récompense d'un zèle dévoué, et, dans plusieurs des familles de leurs élèves, de la reconnaissance au-delà de ce qu'ils avaient pu espérer : contents du milieu où ils vivaient, sans envie de franchir les limites de leur cher petit collége, où ils entendaient fournir toute leur carrière universitaire, ils semblaient n'avoir d'autre ambition que celle de faciliter les premiers pas de leurs fils, de leurs frères ou de leurs neveux, dans des voies honorables, au moyen des belles relations qu'ils s'étaient créées à eux-mêmes. MM. Filhos et Gougeon eurent tous leurs vœux comblés, en voyant leurs frères

prendre rang, l'un parmi les médecins les plus distingués
de Paris, l'autre, avec un succès mérité, comme médecin
également, dans l'arrondissement d'où il était sorti ainsi
que son aîné. Quant à M. Carrau, il devait trouver un
double et enviable couronnement d'une laborieuse carrière, dans ses deux fils, l'un et l'autre, pour commencer, lauréats du Concours général, puis agrégés, puis professeurs dans les meilleurs lycées des départements.
Comme si elle eût été jalouse du bonheur de leur père,
la mort vint lui ravir un de ses deux fils dans la fleur de la
jeunesse, et au milieu des espérances de tous les siens ;
mais le survivant offrait bientôt par ses succès un allége-
ment à la douleur de la famille : il ne tardait pas à devenir
professeur de faculté, à se montrer penseur élevé, écrivain
de mérite, l'un des bien accueillis par les lecteurs sérieux
de la plus renommée de nos revues littéraires, et à l'Institut pour des travaux d'un ordre supérieur.

Tandis que les plus humbles des professeurs de Sainte-
Barbe-Rollin préparaient par une activité, par une patience à toute épreuve, par un enseignement consciencieux et méthodique, l'avenir de leurs jeunes élèves, ils
oubliaient, tout entiers à leur œuvre professionnelle,

qu'elle pouvait durer moins que leur vie : ils ne songeaient pas à l'heure de la retraite forcée. Les appointements étaient modiques pour tant de travail patient ;
mais il s'y joignait des avantages qui en compensaient la
réelle insuffisance : c'étaient, pour ces fonctionnaires de
la deuxième catégorie, sous-préfets des études, professeurs élémentaires et divisionnaires, la nourriture et le
logement ; c'étaient aussi des leçons particulières, dont le
produit s'élevait parfois au double et même au triple du
chiffre des appointements. Dans ces conditions, ils pouvaient faire honneur à leur modeste situation, et même
réaliser des économies pour un avenir que la plupart,
gens rangés et économes, ne perdaient point de vue.
Quelques-uns virent cet avenir se réaliser plus tôt qu'ils
ne s'y étaient attendus, par suite de la retraite de leur
sympathique directeur, M. Defauconpret, qui se les figurait peut-être plus jeunes qu'ils n'étaient effectivement,
par suite aussi de la mort prématurée de son successeur,
qui, ayant fait ses premières armes avec eux et appris à
les estimer, à les aimer, tenait également à les conserver
près de lui. Relevant à la fois de l'État et de la Ville, de
l'État par l'Université, et de la Ville par le collége qui

était à elle, ils avaient lieu d'espérer de l'un ou de l'autre une pension de retraite. L'État et la Ville en servaient une, il est vrai, à leurs anciens fonctionnaires ; mais, par une regrettable omission, ceux qu'une nouvelle administration de Rollin vint inviter assez brusquement, ou tout au moins inopinément, aux douceurs de la retraite, ne figuraient, à titre utile pour une pension, ni sur les cadres de l'Université ni sur ceux de la Ville, quoiqu'ils présentassent les titres les plus légitimes. Au reste, si paternelles qu'elles fussent, la plupart des administrations ne reconnaissaient pas alors cette dette suprême envers leurs anciens employés, et la loi de juin 1853, concernant ceux de l'État, ne s'était imposé aucun effet rétroactif. En leur donnant des successeurs, l'administration nouvelle ne pouvait prendre à sa charge ces intéressants émérites, et aucun d'eux n'était tenté de solliciter quelque chose comme la succession d'un vieux professeur qui avait trouvé ses Invalides au collége et qui s'y était doucement éteint.

Là, tout le monde connaissait le père Corbin. Professeurs, maîtres et élèves, tous se rangeaient sur le passage du bon octogénaire, frappé de cécité dans l'exercice d'un modeste emploi de professeur élémentaire. Hormis les fonctions, il avait tout conservé de sa situation d'activité : nourriture, logement, même des appointements, que lui constituait chaque mois un modique prélèvement sur ceux des fonctionnaires, et qui lui étaient servis avec autant d'empressement qu'ils avaient été formés. Sans souffrance, il passa de la vie à la mort. Un jour, vers la fin du dîner, on vit sa tête s'incliner sur la table, plus que d'habitude, et à ce mouvement succéder l'immobilité : la mort était venue le visiter, sans secousse et clémente : nulle empreinte de la douleur sur les traits du vieillard, qui semblait endormi. Le surlendemain, dans la matinée, un sommeil assez profond me faisait oublier la fatigue d'une soirée qu'avait prolongée la permission de minuit, lorsqu'un bruit inaccoutumé vint me réveiller brusquement. Deux « croquemorts » avaient envahi ma chambre, porteurs d'un cercueil qu'ils déposaient près de mon lit. Mon réveil subit leur prouva, non sans quelque émotion pour eux, qu'ils s'étaient trompés de porte. Le destinataire n'était autre que le père Corbin, mon voisin d'appartement et mon commensal habituel au collége.

Nos collègues remplacés n'auraient pas consenti à devenir une charge pour l'administration qu'ils ne servaient plus. D'ailleurs, ils ne manquaient pas d'amis pour les aider à réparer les défectuosités de leur situation au point de vue de la pension de retraite. Auprès du ministère et à la Ville, c'était à qui leur offrirait son appui. Chacun d'eux s'en vit concéder une, minime, il est vrai, en rapport avec son modique traitement, non avec ses longs services, mais qui témoignait cependant de la sympathie dont il était l'objet.

Dans le nombre de leurs amis ils comptaient au ministère un ancien collègue, M. L. Bellaguet, élève de Sainte-Barbe-Nicolle, lauréat du Concours général, puis de l'Institut, dont il eût certainement fait partie, si son ambition avait eu son mérite pour mesure. Une preuve évidente de ce mérite, c'était d'avoir pu être distingué par un juge aussi compétent que M. de Barante : l'auteur du *Tableau de la littérature au dix-huitième siècle*, et des *Ducs de Bourgogne* l'avait choisi pour la direction particulière de ses fils pendant leurs études à Rollin, et tandis qu'il séjournait lui-même dans ses postes diplomatiques, de Turin, puis de Saint-Pétersbourg. Pendant les vacances, le professeur conduisait ses élèves à leur père, qui pou-

vait alors apprécier en même temps les progrès des uns
et le mérite croissant de l'autre. Se perfectionnant au
contact de l'homme éminent qu'il suppléait auprès de ses
fils, accueilli avec distinction par une exquise société,
notamment par la famille d'Houdetot, dont était Mme la
baronne de Barante, M. L. Bellaguet justifiait hautement
la confiance et l'estime dont il se voyait honoré de plus
en plus. Dans la *Revue de Paris*, où il écrivait et qui partageait alors avec la naissante *Revue des Deux-Mondes* les
jeunes littérateurs de l'époque, il reflétait le milieu social
où il s'inspirait. Puis, suivant les conseils de M. de Barante, et non sans une vive satisfaction pour ceux des
contemporains qui s'intéressaient à l'histoire vraie des
relations de l'Europe avec la cour de Rome pendant la
première période napoléonienne, il traduisait les *Mémoires du cardinal Pacca*, de ce prélat intimement mêlé
à la politique du pape Pie VII. Voué comme il l'était au
culte de l'histoire, M. de Barante comprit le parti qu'on
pouvait tirer pour elle d'un travailleur aussi précis dans
ce qu'il produisait, aussi judicieux dans ses appréciations,
que l'était M. Bellaguet ; il pensa qu'une fois engagé sur
le terrain historique, il pourrait y être retenu et fixé, au

profit de ce mouvement qui entraînait alors les esprits d'élite et vraiment patriotiques, à la recherche et à l'élucidation des documents de nature à jeter une lumière exacte sur notre passé, alors encore si ténébreux. Un bureau spécial venait d'être institué au ministère de l'instruction publique pour la *Collection des Documents inédits relatifs à l'Histoire de France* : M. Bellaguet en fut le premier chef, et, avec son intelligente coopération, s'éleva et s'agrandit, au-delà des espérances de ses fondateurs, ce magnifique monument, envié dès l'origine et activement imité aujourd'hui à l'étranger, l'un des honorables titres d'un règne ami de la lumière et du progrès pacifique. En même temps que le gouvernement ouvrait ces abondantes sources à l'histoire nationale, M. de Barante, par une initiative digne d'un si éminent historien, en faisait jaillir d'autres, en fondant la *Société de l'Histoire de France,* et M. L. Bellaguet devenait, dans cette œuvre féconde, due au même mouvement, dans cette production multiple qui se poursuit sans relâche, un auxiliaire infatigable. Quand il eut vu agrandie sa sphère administrative, quand le chef de bureau fut devenu le chef de la division des lettres, sa plus chère préoccupation fut toujours la même qu'à son début, toujours la *Collection des Documents relatifs à l'Histoire de France* : le concours qu'il apportait à la *Société de l'Histoire de France* était pour lui comme une simple récréation, un emploi intellectuel de ses loisirs. Par l'une et par l'autre de ces coopérations, aussi bien ensuite que par ses fonctions de chef de division, il se trouvait en contact avec l'élite des savants et des lettrés : la bibliothèque de la rue de Richelieu et toutes les autres bibliothèques publiques, le Muséum, l'Institut, étaient ses administrés. Pour la plupart, il représentait un conseil, une lumière, une autorité. Personne mieux que lui ne connaissait les mérites de chacun, ses titres à l'avancement ; personne ne les appréciait plus judicieusement, ne les discutait plus utilement à l'occasion. Aussi ses avis se traduisaient-ils le plus souvent par des décisions ministérielles tout à fait conformes. Ce n'est pas M. Duruy, ministre de l'instruction publique, un autre élève de Sainte-Barbe-Rollin, qui se serait privé d'aussi utiles services avant leur terme nécessaire ; ce n'est pas ce ministre intelligent, qui, invoquant une limite d'âge, plus commode parfois aux vues personnelles d'un ministre nouveau que profitable au service, aurait invité à la retraite un fonctionnaire dont l'utilité se décuplait par sa longue pratique, pour gratifier de sa succession quelque nouveau venu, inexpérimenté autant que protégé. Ayant à cœur, par exemple, l'équitable répartition du fonds annuel de « Secours aux gens de lettres », qui semble plutôt un embarras créé pour le dispensateur responsable, qu'un bien grand avantage pour les destinataires, comment un ministre, nouveau dans ses fonctions, peut-il espérer de satisfaire, avec une bourse qu'on lui fait si peu garnie, tant de prétendants et sa propre conscience, s'il ne trouve près de lui un flambeau pour le diriger ? Aussi M. Duruy disait-il : « Quand une sollicitation devient pour moi une » difficulté, je l'envoie à M. Bellaguet ; quand je doute de » moi, je ne doute pas de lui, et sa solution devient la » mienne. » Dans cette tribu, aussi besogneuse qu'intéressante, qui ressortissait à la division de M. Bellaguet, nul n'était plus au courant que lui de la situation de chaque personnalité ; nul n'aurait placé plus équitablement qui de droit sur cette feuille de bénéfices restreints et disputés qu'il était chargé de tenir.

Dès l'origine de la *Collection des Documents inédits*, M. Bellaguet avait eu mission d'enrichir ce recueil d'un important travail : la traduction, suivie de la publication de la volumineuse *Chronique du Religieux de Saint-Denis*. Par ses fonctions, il n'était pas seulement le vigilant gardien du monument grandiose que le gouvernement de Louis-Philippe, sous l'impulsion de MM. Guizot, Villemain et de Barante, élevait à notre histoire nationale ; il apportait lui-même à cette vaste construction un précieux contingent de matériaux. M. de Barante avait jugé digne d'une traduction cette *Chronique du Religieux de Saint-Denis*, où, dans l'élaboration de son attachante histoire des *Ducs de Bourgogne,* il avait rencontré de nombreuses pages intéressantes. S'il n'avait pas reculé lui-même devant un texte latin qui n'a rien de cicéronien, s'il avait courageusement dégagé, pour l'usage qu'il lui destinait, un métal précieux de sa gangue épaisse et rugueuse, il était bien aise de faire aux historiens ses successeurs, même au commun des lecteurs, la gracieuseté de leur épargner la lecture d'un texte qui rappelait trop la rudesse du moyen-âge. En indiquant et en recommandant à M. Bellaguet ce travail de patience, il était sûr d'avance que la correction et la pureté de la traduction rendraient celle-ci accessible aux plus exigeants des lecteurs, et que le Religieux de Saint-Denis s'exprimerait mieux en français qu'il ne le fait en latin. De plus, il voulut « l'illustrer » par une introduction : c'était prouver le cas qu'il faisait de l'auteur et des traducteurs.

Car, pour cette œuvre de longue haleine, M. Bellaguet s'était donné un collaborateur, M. Alfred Magin, comme lui élève de Sainte-Barbe. Il ne l'avait pas choisi parmi les moins distingués. Professeur d'abord à Rollin, comme son ami, Alfred Magin voyait déjà s'ouvrir devant lui une belle carrière universitaire. Excellent élève, il était devenu excellent professeur. Une mémoire des plus heureuses, une expression nette et précise, celle qui se fixe sûrement dans l'esprit de ceux qui la recueillent; une clarté méthodique, où trouvent leur compte à la fois le professeur et les élèves, une voix dont le timbre attirait et retenait l'attention de son auditoire, rendaient Alfred Magin éminemment propre à tout enseignement, et particulièrement à celui de l'histoire, dont il avait fait sa spécialité. Le jour de la distribution des prix, il était chargé de les proclamer. A Rollin, aucune autre voix n'aurait pu rivaliser avec la sienne, qui redoublait d'entrain quand elle avait à rappeler les prix obtenus la veille à la Sorbonne.

L'ancien élève jouissait, avec une émotion communicative, de ces nouveaux triomphes ajoutés à ceux du passé, et ses regards animés indiquaient aux jeunes vainqueurs la place où leurs noms étaient déjà inscrits en lettres d'or sur les murs de la Salle des Actes, à côté de leurs devanciers. Par sa solide instruction, par l'ensemble de ses qualités professionnelles, que rehaussaient la tenue et le langage d'un homme de bonne compagnie, M. Alfred Magin présentait un de ces types qu'on reconnaissait facilement au dehors comme sortis de Sainte-Barbe-Nicolle, comme portant, pour ainsi dire, sa marque de fabrique. C'eût été pour le collége une bonne fortune de conserver longtemps un tel professeur : il n'en fut pas ainsi : le professeur d'histoire devint bientôt recteur d'académie, à Nancy, puis à Poitiers, puis inspecteur général de l'Université. Pour lui le succès avait été rapide : la mort le fut également.

Elle s'était montrée plus prompte encore pour son frère aîné, élève aussi, puis maître et professeur à Sainte-Barbe-Rollin, qui avait tout l'attrait propre à l'y fixer, comme il avait, lui de son côté, ce qu'il fallait pour y fournir toute une belle carrière, s'il n'eût été attiré dans une autre sphère par sa sympathie pour une famille qui avait su le distinguer et se l'attacher. Professeur particulier du jeune Akerman, fils d'un des principaux receveurs généraux de l'époque, et pour beaucoup dans ses succès au collége et à la Sorbonne, il avait accueilli les offres de cette excellente famille, uni sa destinée à la sienne et quitté l'Université pour les finances.

Tel fut le sort de bon nombre d'entre nous : entrés dans ce collége d'élite avec la résolution de ne le quitter qu'au bout de la carrière, de lui donner toute notre activité, nos forces, notre entier dévoûment, nous ne devions y faire qu'une station, plus ou moins temporaire, profitable cependant à la plupart, revenant souvent à notre souvenir attendri, et souvent regrettée, quelque douce qu'ait pu être ailleurs notre vie.

Nulle vie ne fut plus douce, mieux remplie, plus considérée, que celle de M. Boistel, parce que l'unité en fut complète, parce qu'au collége seul il donna tout ce qu'elle put renfermer d'activité. Élève, maître et professeur, M. Boistel réalisa ainsi l'idéal rêvé par le principal organisateur de l'établissement, M. l'abbé Nicolle, qui, pour le bien de tous, eût voulu y voir passer par ces trois phases d'activité tout son personnel enseignant. A en juger par l'exemple de M. Boistel, cette conception avait bien son mérite. Élève, il n'eut point d'autre ambition que de s'asseoir un jour dans quelqu'une des chaires d'où lui était venue la vie intellectuelle ; professeur, il voyait ses vœux comblés lorsque d'une chaire il passait dans une autre, sans prétention aux plus élevées, sans faveur, par le fait d'un avancement régulier, et en vertu de ces mouvements que partout le temps amène avec lui. Aussi, dans cet heureux milieu où il sut circonscrire son existence, eut-il toujours pour compagne une sérénité enjouée ; les années purent blanchir ses cheveux sans enlever à ses traits une expression de jeunesse, qui, en le rapprochant de ses élèves, lui faisait oublier à lui-même, comme à quelques-uns d'entr'eux, qu'il avait pu compter leurs pères parmi ses plus jeunes condisciples.

Ce mérite de la stabilité, si peu envié aujourd'hui, appartenait surtout à un des premiers professeurs que trouvaient les élèves en passant du petit au moyen collége, à un contemporain de MM. Nicolle, que les jeunes professeurs, aussi bien que les élèves, appelaient « Le père Toussaint. » Exacte personnification du *statu quo,* sans autre ambition que celle de mettre le moins d'intervalle possible entre sa chaire du moyen collége et sa dernière demeure, il parut avoir transmis à son successeur, M. Prat-Marca, les mêmes dispositions, qui furent également celles d'un autre professeur du même collége, M. Dubois, supérieur par l'esprit à son emploi, ami de sa quiétude plus que de son avancement, et s'accommodant d'une immobilité presque complète, qui lui rendait plus praticable ses relations favorites avec les littérateurs du dix-huitième siècle, surtout avec Voltaire, dont il regrettait, en le lisant et le citant sans cesse, de n'avoir pas été le contemporain. Mais, dans ce Voltaire aimé de lui, c'étaient le bon goût littéraire et l'esprit qu'il admirait, non les idées qui préparaient la Révolution.

Au grand collége, on se trouvait en présence de fervents adeptes des classiques d'Athènes et de Rome. M. Boistel, devenu professeur de troisième, MM. Legay, de seconde, Guérin, Rinn, et après lui, Gibon, tous trois de rhétorique, s'étaient voués au culte de la pure antiquité. Dans ce sanctuaire, MM. Guérin et Legay avaient butiné de substantiels *Excerpta,* adoptés par M. l'abbé Nicolle pour Sainte-Barbe, et auxquels il donna, depuis, égalementment son attache, dans le *Plan d'un collége nouveau*. Quant à M. Rinn, il avait fait, de sa traduction de Stace, un modèle de correction, de fidélité et de style élégant, qui le désignait dès lors pour de plus hautes fonctions universitaires.

Tels étaient les professeurs titulaires, les principales colonnes de l'édifice, ceux qui, pour une part considérable, ont contribué à la fortune du collége. Ils s'y étaient rendus inébranlables, inamovibles, hormis de leur plein gré, et non sans décourager les jeunes ambitions qu'ils voyaient graviter autour d'eux. MM. Ernest Havet et Henri Wallon n'eurent point à souffrir de ce *statu quo :* ailleurs se dirigeaient leurs aspirations. En entrant à Rollin, pour y professer, l'un les humanités et l'autre l'histoire, ils comptaient bien ne s'y point immobiliser. C'était une étape nécessaire à leur avancement. Mais si court qu'y ait été leur enseignement, le collége doit compter avec honneur parmi ses professeurs celui qui déjà se montrait radical, mais seulement, alors, en matière de bon goût littéraire et de correction classique, avant de le paraître un peu dans une autre spécialité, et celui qui, invariable dans son orthodoxie religieuse et dans le culte traditionnel de l'histoire, devait, en politique, attacher son nom au produit de sa sagacité, à la formule gouvernementale qui nous régit aujourd'hui.

On remarquait aussi quelques jeunes professeurs divisionnaires ayant l'étoffe de fort bons titulaires. L'aptitude ne leur faisait pas défaut. Leur seul désavantage était d'être venus trop tard pour occuper les premiers emplois. Ceux-ci étaient pris, et, de plus, assez dignement remplis pour ôter à des aspirants quelque peu pressés l'espoir d'une prochaine succession à recueillir. Pour ces derniers il y avait nécessité, ou de chercher ailleurs un avancement qu'ils ne pouvaient trouver sur place, de frapper à des portes moins résistantes, ou de se résigner au second rang. Quelques-uns se consolaient littérairement, non en faisant appel aux inspirations indisciplinées et tapageuses du romantisme, alors dans son fougueux épanouissement, mais en publiant des poésies ou de la prose essentiellement classiques : c'étaient MM. Bonnomet, Melchior Potier et Poitevin. Comme la plupart des jeunes littérateurs de cette époque, le premier subissait malgré lui, dans une certaine mesure, la loi du dieu nouveau ; mais sa plus grande concession était une imitation lointaine de Lamartine, dans

9

des miscellanées, à l'adresse de ses amis, plutôt qu'à celle du public. Classique intransigeant, M. Potier eût considéré comme une grosse injure pour lui la moindre assimilation de ses vers à ceux du chef de la nouvelle école. Il relevait d'Athènes, de Rome et du siècle de Louis XIV; sa poétique n'était autre que celles d'Horace et de Despréaux. Adressait-il des stances à une jeune fille, sous le titre on lisait : « Imité du grec. » La renaissance de la Grèce indépendante avait été pour lui un heureux événement : la bataille de Navarin a grossi son volume d'un nombre notable de vers, où affluent les réminiscences de l'antique Hellade. Après Athènes, Rome : une tragédie en cinq actes, où s'épanouissent les trois unités et les plus corrects alexandrins, sert de couronnement à ces mélanges poétiques ; elle a pour titre *Jugurtha à Rome*. Contemporaine d'*Hernani*, elle n'a pas tenté d'aborder la scène, et n'en a pas moins procuré à son auteur de fortunés moments.

M. Poitevin se faisait auteur dramatique, lui aussi, mais surtout lexicographe. Ce n'était pas en vers qu'il travaillait pour la scène, mais en prose, et non pas comme M. Jourdain, « sans le savoir ». Il n'ignorait pas que, sous cette forme vulgaire, ses productions auraient plus de chance d'aborder le théâtre qu'il ambitionnait pour elles. Il ne les présentait pas chaussées du cothurne, bien que son objectif fût un des deux théâtres français, mais comme de simples comédies bourgeoises, qui trouvaient un facile laisser-passer à l'Odéon, grâce à de réelles qualités, de naturel, d'esprit, de saine observation, et qui, tenant un bon rang dans le répertoire de cette scène, ont conservé le privilége d'égayer, de temps à autre, les spectateurs, avant ou après les sombres émotions d'un drame ou d'une tragédie. Ajouter qu'elles sont écrites en un français nullement équivoque, serait surabondant pour le nombreux public qui sait que le dictionnaire français de Poitevin compte parmi ses avantages celui d'être une émanation fidèle du dictionnaire de l'Académie.

A Sainte-Barbe-Rollin, l'enseignement des sciences était à la hauteur de celui des lettres, si toutefois il ne le dépassait point. On en pourrait juger comparativement, peut-être à l'avantage du premier, par les succès obtenus à la Sorbonne dans l'une et l'autre spécialité. Toujours est-il que ces deux bases essentielles de la prospérité d'un établissement d'instruction secondaire furent solidement établies

par MM. Nicolle pour celui qu'ils avaient fondé. Ils eurent
la main heureuse dans les premiers choix de leur personnel, pour la spécialité des sciences, aussi bien que pour
celle des lettres : des professeurs de mathématiques, tels
que MM. Vincent, puis Sturm, qui s'élevèrent jusqu'à
l'Institut ; au second rang, les deux Laîné, d'Avranches ;
des professeurs de physique, comme MM. Binet-Sainte-
Preuve, puis Lefebvre ; un professeur de sciences naturelles, comme le savant élève et auxiliaire de Cuvier,
M. Valenciennes, de l'Institut ; de tels initiateurs aux
sciences ne pouvaient ouvrir au collége que des voies
prospères, et faire rejaillir sur lui, dans le présent et dans
l'avenir, une partie de leur propre relief.

Ce n'est pas non plus s'être montré mal inspiré que
d'avoir choisi des hommes comme M. Bouillet, puis
M. Poret, pour l'enseignement de la philosophie, pour cet
enseignement délicat, qui confine tellement au domaine
de la religion, que le professeur le plus orthodoxe peut
parfois n'être pas sans inquiétude sur l'interprétation que
recevra sa pensée, si conforme qu'il l'estime à la pure
doctrine religieuse. Aucune philosophie ne se pouvait
mieux accorder avec celle-ci que la philosophie de prédi-

lection de M. Poret, celle des Écossais Thomas Reid, Dugast-Stewart, sir James Mackintosh, dite « la philosophie morale. » Il la vulgarisait par sa traduction d'un important ouvrage de ce dernier philosophe, par son cours à la Sorbonne, où il avait l'honneur mérité de suppléer Victor Cousin, et par son enseignement au collége Rollin. La douce sérénité qui distinguait la nature de M. Poret semblait l'image de la philosophie qu'il enseignait, et sa vie intérieure, la mise en pratique de cette philosophie féconde en bonheur, abordable dans sa sphère, et différant de ces constellations, mêlées d'épaisses nébuleuses, qui forment le ciel philosophique allemand, si difficilement pénétrable. M. Poret occupa, au collége Rollin, la chaire de philosophie après M. Bouillet.

De celui-ci, non plus, il n'avait pas été à craindre que son enseignement s'égarât dans les sentiers du matérialisme. On le savait épris d'un ancien philosophe tellement spiritualiste, qu'il n'avait jamais voulu se laisser peindre, indigné que l'homme, — en qui il ne voulait voir qu'une âme, — pût paraître uni à la matière, et être aperçu par nos sens grossiers, auxquels il refusait l'honneur de pouvoir représenter dignement une si noble créature : c'est le philosophe néoplatonicien Plotin, que M. Bouillet s'occupait alors de traduire; travail longuement médité, savamment préparé, et, depuis, réalisé par cet encyclopédiste, que n'effrayait ni un texte grec, ni les obscurités de son auteur, ni la durée du labeur entrepris. Marié à la sœur aînée de MM. Magin, il ne devait pas fournir non plus à Sainte-Barbe-Rollin toute sa carrière universitaire : il devait le quitter, pour s'élever à de plus hautes et plus actives fonctions. Successivement proviseur du collége Bourbon, inspecteur général, conseiller de l'Université, M. Bouillet sut encore trouver le temps de produire ces substantiels dictionnaires qui ont popularisé son nom et servi de types à des imitations plus ou moins réussies.

Il y a des familles qui sont comme un bienfait prolongé et multiple pour un établissement. M. Bouillet, en s'unissant à une des sœurs de MM. Magin, était entré dans une famille dont le nom demeurera, ainsi que le sien, glorieusement attaché aux premières prospérités de Sainte-Barbe-Rollin. Pour sa seconde fille, Mme Magin ne voulut point choisir un mari ailleurs que dans cette maison, qui renfermait déjà une si grande partie de son cœur : elle le trouva dans un jeune professeur dont le mérite était plein de promesses pour l'avenir, dans M. Victor Paret ; et cette vaillante mère, qui avait voué toutes ses sympathies à Sainte-Barbe, fut assez heureuse pour voir, pendant quelques années, le sort de chacun de ses enfants attaché à celui de cette maison, et tous concourir à ses succès. Elle avait pressenti tout d'abord, — son instinct maternel ne l'avait point déçue, — que là où ses fils recevaient une si belle éducation, elle trouverait à établir tous ses enfants ; que, dans cette maison d'élite où s'élevaient deux d'entre eux, il y avait pour tous un avenir, un germe de fortune.

Trop défectueuse serait cette revue des fonctionnaires de Sainte-Barbe-Rollin, si elle ne comprenait pas au moins les abbés Faudet et Sénac, si elle ne mentionnait pas le rang qu'occupaient ces dignes aumôniers, c'est-à-dire, le premier, dans un collége où l'enseignement religieux primait tous les autres. Rappeler que l'abbé Faudet fut jugé apte à succéder, comme supérieur du collége, à l'abbé Nicolle, avant de se voir appelé à la cure de Saint-Étienne-du-Mont, puis à celle de Saint-Roch, c'est dire ce qu'il pouvait valoir comme aumônier ; et, pour le remplacer dans ces mêmes fonctions, on avait eu la main heureuse en choisissant l'abbé Sénac, qui avait professé

avec succès les humanités, — c'était là son moindre mérite, — dans un des plus notables colléges de la province,
le collége d'Auch, et qui, à Paris, se distingua comme
écrivain religieux, et comme conférencier à Saint-Étienne-
du-Mont. Aimés des élèves, les aumôniers de Rollin
l'étaient aussi des familles : leur présence au milieu d'elles,
quand ils voulaient bien leur attribuer une part de leurs
vacances, était tenue pour une faveur. Le monde ne leur
faisait point peur : sans le rechercher, ils ne le fuyaient
pas. Ils n'y étaient collet monté en aucune façon : faisant
cette concession à l'usage adopté pour leur tenue par beaucoup d'ecclésiastiques après la révolution de 1830, ils substi-
tuaient quelquefois dans le monde, dans la rue, au collége,
la redingote à la soutane, et, en dehors de leurs fonctions,
on les pouvait prendre, à leurs formes, à leur langage,
pour de purs humanistes, pour des lettrés, toujours pour
des hommes de bonne compagnie.

Dans ce milieu où tout avait été organisé en vue d'une
fructueuse unité, rien ne détonnait, pas même certains éléments tenus jusque-là pour étrangers et d'importance
secondaire. Par une heureuse intuition de l'avenir, par
son intelligence anticipée de la situation que comporte l'en-

seignement de l'allemand et celui de l'anglais, l'administration du collége n'avait point tardé à rattacher à elle les
professeurs de ces deux langues, plus intimement qu'on ne
faisait ailleurs pour ceux qui en étaient chargés. MM. Mar-
tin-Hamilius et Thommerell, successeurs de MM. Hermann
et Wilkin à Rollin, s'étaient vus traités sur le même pied
que les autres professeurs. Résidant au collége même, en
contact journalier avec les élèves, ils n'étaient point pour
eux des étrangers, d'amusantes curiosités, visibles à de
rares intervalles. Leur enseignement profitait à un bon
nombre. Aussi accessibles que les autres professeurs,
comme eux ils se voyaient recherchés par les familles.
L'un était le professeur particulier et successif de plusieurs
enfants dont les parents appartenaient à la haute finance ;
l'autre, lauréat de l'Institut, avait, au collége même, la
direction spéciale du fils d'un maréchal de France, et celle
du petit-fils d'un roi.

X

Les maîtres.

Dans le collége de la rue des Postes les maîtres étaient considérés autrement que dans les autres colléges de Paris. Cette différence résultait du plan d'éducation conçu par MM. Nicolle, et dont Sainte-Barbe devenait, sous leur conduite, une heureuse réalisation. Était-ce une tradition renouée de l'ancienne Sainte-Barbe, où l'abbé Nicolle, avant la révolution, avait été préfet des études, après s'y être montré brillant élève ? Était-ce une pratique par lui déjà appliquée dans les colléges qu'il avait créés, avec un succès inespéré, à Saint-Pétersbourg et à Odessa ? Toujours est-il que les maîtres d'études avaient, aux yeux de l'abbé Nicolle et de son frère, une valeur qu'on était loin de leur reconnaître ailleurs à cette époque, même dans les principaux établissements universitaires, où l'on voyait en eux les parias du corps enseignant et où ils étaient traités en conséquence. A Sainte-Barbe, le maître d'études était regardé comme un rouage aussi important dans sa spécialité que le pouvait être le professeur dans la sienne. Il assumait le principal labeur de l'éducation, comme le professeur celui de l'instruction, tous deux utiles, concourant honorablement, chacun dans sa sphère, à la lente, laborieuse et délicate formation de ce précieux produit qu'on appelle un homme bien élevé.

Dans la plupart des colléges, royaux aussi bien que communaux, et dans toutes les institutions, comment se recrutait, à cette époque, et encore longtemps après, le personnel des maîtres d'études ? Une pensée organisatrice quelconque avait-elle jamais présidé à sa formation ? Quel souci prenait-on de ces déshérités de la fortune universitaire ? Quel soin de leur avenir ? Quelle sollicitude, au moins, pour leur bien-être présent ? On ne se donnait pas le temps de les choisir, — il y avait toujours quelque vide pressant à combler, — on les prenait à la hâte, dans les milieux les plus disparates, les plus bigarrés : c'étaient le plus souvent de pauvres et obstinés fruits secs du baccalauréat, des étudiants, en droit ou en médecine, de cinquième ou sixième année, embourbés, immobilisés dans leurs premiers examens, sans cesse accueillis par les boules noires, n'ayant plus de subvention à attendre de parents obérés ; c'étaient des répétiteurs sans clientèle, des poètes faméliques, des séminaristes défroqués, des régents de collége mis à pied, des instituteurs ruinés, des sous-officiers démissionnaires, toutes sortes de déclassés que la fortune adverse, et trop souvent de ruineuses aventures avaient poussés sous ce joug, où ils trouvaient, au prix d'une liberté dont ils ne savaient plus que faire, le pain et le couvert, un gagne-pain momentané, non une entrée dans la carrière. Venus là sans vocation, sans aptitude, la plupart, en partant après un court séjour, ne laissaient pas plus de regrets qu'il n'en emportaient ; sans intérêt dans la partie, auxiliaires comptés pour peu, dédaignés par les professeurs, vilipendés par les élèves, ils réalisaient bien alors ce type qui va s'effaçant de plus en plus, « le pion de collége, » tel qu'on l'a dépeint tant de fois.

La situation que rencontraient au collége de Sainte-Barbe les maîtres d'études, même les débutants, était en rapport avec l'idée que l'abbé Nicolle et son frère s'étaient faite de cet emploi. Dans leur pensée, on ne pouvait confier au premier venu une fonction qui mettait son titulaire en contact avec les élèves pendant les trois quarts de la journée, qui l'obligeait à surveiller leurs travaux, l'associait à leurs jeux, à leurs conversations, et, en mêlant sa vie à leur vie, les soumettait forcément, surtout les plus jeunes, à son influence, bienfaisante ou délétère. Si, pour ces élèves dont ils avaient voulu faire comme une famille, ils avaient craint le contact du dehors; si, dans leur plan, l'externat avait été écarté, leur active sollicitude ne devait-elle point s'exercer, à l'endroit de jeunes hommes, non-seulement témoins, mais guides incessants imposés à à cette jeunesse, et dont chacun pouvait plus, à lui seul, pour le bien ou pour le mal du groupe qu'il dirigeait, que n'eût pu la société de beaucoup d'externes ?

Aussi n'était-ce pas chose facile que d'être admis au nombre des maîtres à Sainte-Barbe, surtout lorsqu'on venait du dehors, lorsqu'on ne présentait pas comme titre la qualité d'élève du collége, c'est-à-dire, d'enfant de la maison, et, comme argument décisif, quelque prix au collége ou au Concours général. Pourtant une grande jeunesse, avec sa compagne habituelle, l'inexpérience, était parfois

plutôt une recommandation qu'un désavantage pour l'as-
pirant, quand d'ailleurs il se présentait avec de solides références, quand surtout, au premier abord, il avait été assez
heureux pour ne point déplaire à ceux qui allaient décider
de lui. C'est ce qui m'advint, à moi personnellement, et
contre mon attente. En vain il manquait une classe à mes
études universitaires, la philosophie, et, partant le baccalauréat, qu'alors on ne pouvait tenter que muni d'un certificat
d'études complètes, réalisées dans un collége : ni ce desideratum, ni mon extrême jeunesse ne furent tenus pour
des obstacles. Pendant les heures de classe, élève au
grand collége, sous M. Bouillet, à cette époque professeur
de philosophie, j'allais prendre, pour devenir bachelier,
une dose suffisante de la science qu'il enseignait ; puis,
ma station terminée, et la porte mitoyenne du grand et
du petit collége étant franchie, l'élève se retrouvait maître, et faisait ses débuts en cette qualité auprès de ceux
qui débutaient comme élèves. Quel ne fut pas mon éba-
hissement quand, à sa réception du jour de l'an, le supérieur du collége, M. Nicolle, venant à moi : « Je veux
» embrasser aujourd'hui, dit-il tout haut, le plus jeune
» de nos maîtres. » puis tout bas, pour moi seul, à titre

d'encouragement sans aucun doute : « et non le plus
» mauvais. Mais, ajouta-t-il, en relevant la voix et en
» souriant, priez donc Sainte Barbe de vous venir en
» aide. » C'est qu'alors, au lieu de barbe, un duvet,
même peu appréciable, errait sur ma figure jusque-là
obstinément féminine.

Jeune et inexpérimenté dans la mesure où je l'étais, je
ne pouvais accepter comme mérités les compliments d'un
chef qui s'en montrait habituellement peu prodigue. En
me comparant à mes collègues, en établissant, par un examen qui n'avait rien de compliqué, mon humble bilan
personnel, je ne trouvais à mon actif que ma grande jeunesse, non comme avantage, mais comme trait distinctif ;
et, sans me rendre compte de la pensée organisatrice de
l'abbé Nicolle et du directeur, son frère, je me disais que
cette jeunesse pouvait bien être pour quelque chose dans
leur bienveillance, et servir leurs vues ; comment ? je ne
cherchais nullement à le deviner. Que m'importait la
cause ? L'effet me suffisait. Il ajoutait à mon zèle ; il semblait me donner, par anticipation, la virilité que ne justifiait pas mon menton, et j'aimais à me rappeler ce passage
du bon Rollin, de ce judicieux guide de la jeunesse, dont

on nous recommandait la fréquente lecture, comme si l'on eût pressenti que bientôt le collége se placerait sous le patronage de son nom : « J'appelle autorité un certain » air, un certain ascendant qui imprime le respect et sait » faire obéir. Ce n'est ni l'âge, ni la grandeur de la taille, » ni le son de la voix, ni les menaces, qui donnent cette » autorité, mais un caractère d'esprit égal, ferme, mo- » déré, qui se possède toujours (1). »

Ainsi, en ce qui concernait les maîtres, l'idéal de l'abbé Nicolle était d'attacher les plus jeunes aux plus jeunes élèves, non pour une seule année scolaire, mais pour un aussi grand nombre qu'il serait possible. Cette juxtaposi- tion, ou plutôt cette fusion permanente ne pouvait être, selon lui, que profitable aux élèves et aux maîtres, les uns et les autres devant s'améliorer mutuellement à ce contact prolongé. Au lieu de ces figures toujours renouve- lées, aussi indifférentes, pour ne pas dire aussi antipa- thiques les unes que les autres, qui viennent poser devant eux chaque année, les élèves verraient toujours la même

(1) *Traité des études*, t. IV. *Du gouvernement intérieur des classes*, art. 3.

personne grandissant de plus en plus dans leur sympathie et leur estime. Les études finies, au lieu d'une douzaine de maîtres, n'ayant laissé dans leur souvenir que des traces vagues, disgracieuses ou ridicules, ils n'auraient à s'en rappeler qu'un ou deux, compagnons assidus de leur stage universitaire, amis de leur jeunesse, souvenirs empreints d'agrément et de reconnaissance.

Les maîtres n'étaient pas plus tôt en fonctions qu'ils entraient en partage de la sollicitude dont les chefs entouraient tous ceux qui vivaient sous ce toit paternel, tous ceux que réunissait ce commun foyer d'instruction et d'éducation. Ils ne s'estimaient pas des unités isolées dans un milieu étranger, des manœuvres éphémères, des mercenaires indifférents ; ils participaient au courant de vivifiante protection qui régnait sur tout l'établissement. Ils concouraient à la formation de l'ensemble ; dans la mesure de leurs moyens, ils ajoutaient à sa solidité. Quel courage n'apportaient-ils pas à leur travail du lendemain ceux qui avaient vu, la veille, l'excellent directeur, M. Henri Nicolle, pendant quelqu'une de ses visites aux dortoirs, entrer dans leur modeste chambre, s'asseoir près d'eux, s'intéresser à leurs travaux personnels, les encourager de son amicale parole, et, en les quittant, leur serrer gracieusement la main ? En échange d'une telle sollicitude, d'une sorte d'adoption qui se traduisait pour eux, non par de vaines paroles, mais par des avantages souvent inespérés, le dévoûment, de leur part, devenait plus que chose facile : pour chacun de nous, il y avait émulation, entrain, un charme permanent à suivre de point en point un programme qui assurait à tous avancement, bien-être, durable protection.

C'était, entre autres détails, une obligation qui nous coûtait peu, que la tenue imposée, pour les dimanches et fêtes, à savoir, l'habit noir et la cravate blanche, qui n'avaient plus rien d'onéreux pendant le reste de la journée, lorsqu'ils avaient dû être arborés, dès six heures du matin, pour la messe à la chapelle. L'exemple venait des chefs; on le transmettait soi-même ; on s'établissait en harmonie avec le milieu où l'on vivait, et on trouvait son compte à une tenue qui n'avait rien de commun avec ce négligé, ce débraillé légendaires, qui distinguaient alors tant de confrères du dehors.

En effet, la vie des maîtres eût-elle été tout intérieure, n'eût-elle pas franchi les limites du collége ni celles du quartier latin ; n'eussent-ils été en contact qu'avec des chefs qui n'avaient rien de vulgaire, avec des élèves nés la plupart dans la meilleure société, leur tenue ne devait contraster, ni par le laisser-aller, ni par le cachet de la misère, avec la tenue générale qui les entourait. Elle ne pouvait, elle ne devait être ni élégante ni recherchée : on demandait uniquement qu'elle fût correcte et décente. Cette exigence à leur égard visait, non pas seulement l'intérieur du collége, mais le dehors, et les maîtres en comprenaient vite la cause, lorsqu'ils voyaient l'empressement des familles à les accueillir, à leur faire fête, à rendre ces témoins des travaux quotidiens de leurs fils, les compagnons de leurs plaisirs, en ces jours désirés qui les amenaient pour un temps au foyer domestique.

C'était là un des mérites qui faisaient tant rechercher le collége Sainte-Barbe par les maîtres. Il n'y en avait pas, pour ainsi dire, dans cet établissement envié, qui, au groupe d'élèves dont ils avaient charge, ne joignissent un ou plusieurs élèves particuliers. Pour cette mission spéciale, pour cette surveillance à part dans leur travail de surveillance collective, ils avaient été désignés, souvent à leur insu, soit par le supérieur, soit par le directeur, ou par le préfet des études de chaque collége, lesquels, au préalable, avaient dû se préoccuper de trouver des aptitudes en rapport avec le caractère et l'intelligence des élèves, en même temps qu'avec les exigences des parents. Pour le maître désigné, c'était un surcroît de labeur, il est vrai ; mais, à ses yeux, c'était aussi une récompense, une marque de confiance, une faveur, qui, le plus souvent, se mesuraient moins à la rémunération matérielle qu'à la distinction dont ils se voyaient l'objet, et au rang de la famille où ils étaient agréés. Dès lors, aux yeux de celle-ci, il réunissait des titres bien haut appréciés : il était son délégué, son représentant quotidien, le dépositaire des pensées, des émotions, le confident, le témoin des malaises, grands ou petits, réels ou imaginaires, de celui qu'on lui avait confié, le *reporter* naturel, attitré, de tous les faits et gestes composant cette précieuse existence. Il la dirigeait le jour et veillait sur elle la nuit. Quand l'espace pour deux lits manquait à sa chambre, quand la tendresse inquiète de la mère sur la santé de son fils n'en faisait pas une condition de son séjour au collége, c'en était une que la chambrette la plus voisine devînt celle du cher enfant, pour que le moindre bruit alarmant pût facilement arriver au maître, pour qu'il pût s'assurer, avant de prendre son repos de la nuit, que celui de l'élève avait devancé le sien, et que rien ne le menaçait jusqu'au lendemain. Elle lui enviait son dernier regard de chaque jour sur une couche aimée; elle le lui recommandait bien attentif, laissant au père le soin d'autres recommandations. Il était là encore avant le réveil de l'élève, pour le lui adoucir, à l'heure si matinale du lever, en hiver comme en été, quand le domestique, parcourant le couloir, de son pas retentissant, pour tirer les verrous et délivrer les captifs, prononçait l'invocation habituelle : *Benedicamus Domino*. Par parenthèse, ce n'était certes pas d'une telle cellule que jamais on aurait entendu articuler, au lieu de la réponse obligatoire et consacrée, cette méchante rime, attribuée à je ne sais quel rhétoricien ou quel philosophe mal disposé : « Que le diable te casse les os. »

Sous cette douce et incessante tutelle, on arrivait, sans dommage pour une chère santé, au terme de l'année scolaire, à ces vacances tant souhaitées, plus encore peut-être par les parents que par les enfants. Quand on avait pu l'obtenir de lui-même ou par l'intermédiaire de ses chefs, on emmenait le maître à la campagne, et, dans cette villégiature, pour lui pleine d'un attrait inconnu, dans un milieu dont il s'était fait rarement une exacte idée, il s'initiait, jusqu'à un certain point, à la vie du monde, aux usages de la société, sans y faire cependant un assez long séjour pour encourir, toute proportion gardée, le malicieux compliment que Voltaire, dans sa jalousie de poète, avait lancé à l'adresse du gracieux auteur de *Vert-Vert*, selon lui,

> » . . . . doué du double privilége
> D'être au collége un bel esprit mondain,
> Et dans le monde un homme de collége. »

Il y séjournait assez pour que sa présence, — au moins c'en était là l'objet, — ne fît pas oublier le collége, dont l'oubli vient si vite à la campagne et au milieu des distractions de la maison paternelle. Représentant assidu de la famille au collége, il devenait le représentant du collége dans la famille, mais avec des exigences plus tempérées. Ses leçons, diminutif de celles du collége, et que tout conspirait à abréger encore, n'en étaient pas moins un lien utile entre la classe qu'on venait de quitter et celle

qu'on allait aborder, un lien qui n'existe pas pour tant
d'autres, par l'effet d'un chômage aux conséquences duquel ne résisteraient pas les adultes les plus sérieux et les
plus réfléchis.

Moins libérales, ou plutôt moins prodigues que les
nôtres, les universités anglaises divisent sagement en
deux parts ce qu'elles accordent de vacances : quinze jours
à Pâques et autant en septembre. Une cessation absolue
de travail pendant plus de six semaines n'apparaît-elle
pas, entre la classe qu'on vient de quitter et celle où l'on
entrera prochainement, comme un mur épais, sans ouverture, sans regard pratiqué de l'une sur l'autre? Ne dirait-
on pas, établie à dessein, une solution complète de conti-
nuité, pour produire un entier oubli de ce qui a été
enseigné, sinon retenu, avant les vacances? Si complètes,
pour ne point dire exorbitantes, sont celles-ci en effet pour
la plupart des élèves, que, non pourvus encore des instruments de travail pour la prochaine campagne scolaire,
ils croiraient s'amoindrir en touchant quelquefois à ceux
de la précédente, afin de s'entretenir la main. Au niveau
de leur raison on peut ranger celle de beaucoup de leurs
parents qui, pour permettre à leurs fils de se bien refaire,

prétendent les laisser tout entiers aux distractions de leur âge, aux joies de la famille. Ils comptent que les premiers exercices du cours qui va s'ouvrir seront un résumé précis et substantiel, un memento suffisant des leçons qui ont précédé. Mais ils comptent sans leur hôte. Le nouveau professeur aura une autre tâche que de ressusciter un passé trop bien enseveli. Son principal soin sera, tout d'abord, de faire connaissance avec le groupe qui vient de lui être confié, et avec lequel il lui faut traverser une campagne émaillée de congés ordinaires et extraordinaires ; ensuite il s'appliquera à découvrir les diverses aptitudes, et à constater le parti qu'il en pourra tirer, autant pour son propre succès que pour celui des élèves ; et lorsque, sur l'ensemble, il en aura pu aviser dix ou douze sur lesquels il croira pouvoir faire fond, c'est sur ceux-ci qu'il répandra le plus précieux de son trésor pédagogique. S'ils obtiennent quelque couronne au Concours général, sa modestie, quelle qu'elle soit, ne l'empêchera pas de s'en attribuer le mérite en notable partie.

Ainsi se passent les années scolaires. C'est, pour la majorité des élèves, un enchaînement d'années stériles. Ainsi se parcourt le cercle vicieux des études universitaires, d'où

s'échappent tant d'ignorants, cent fois plus embarrassés
de leurs personnalités encombrantes et prétentieuses,
quand elles ne sont pas turbulentes, que ne le sont d'eux-
mêmes aujourd'hui les fils de nos humbles cultivateurs,
dont la plupart encore, au sortir de l'école primaire,
reprennent la charrue paternelle, et, dans le modeste
jardin qui leur a fourni fidèlement des légumes et des fruits,
apprennent à en tailler les arbres, à en utiliser avec variété
le sol, même à l'embellir de quelques fleurs. Ah ! combien de
temps encore mériteront cet éloge nos jeunes générations
rurales, et pourront-elles résister aux excitations qui les
arrachent de plus en plus à nos campagnes et les entraî-
nent, pour la ruine du pays, dans les gouffres urbains ?

A Sainte-Barbe, tout en se préoccupant, pour son succès personnel, de savoir si sa parole tombait sur un sol
fécond ou stérile, chaque professeur devait s'efforcer de
la faire recueillir avec fruit dans la mesure de leurs aptitudes, par tous ses élèves. Le nombre en avait été calculé
pour qu'il pût s'assurer que son enseignement profiterait,
plus ou moins, au plus obtus comme au plus intelligent,
au plus distrait comme au plus attentif ; et, dans l'accom-
plissement de cette tâche, aux exigences de laquelle il

n'aurait pas suffi s'il eût été seul, il avait pour auxiliaire le maître d'études de sa division, lequel ainsi, auprès des élèves surtout, avait un autre office que celui de muet factionnaire personnifiant la seule discipline, et n'ayant, pour toute consigne, qu'à imposer autour de lui le silence que, dans d'autres établissements, les maîtres se voyaient imposé à eux-mêmes. Par les notes qu'il remettait au professeur sur la récitation des leçons, qui était une de ses attributions, et par son examen sommaire des devoirs, qui en était une autre, il s'éclairait sur la valeur de chaque élève, il faisait office de préparateur; il travaillait à l'œuvre commune; et, en même temps, par cette collaboration assidue, il s'initiait lui-même aux pratiques de l'enseignement. Ainsi, personne n'était en dehors de la sphère d'activité professorale, et le collége, fidèle à son programme, se faisait tout à tous.

Tenir sans cesse en éveil ces jeunes intelligences et obtenir d'elles-mêmes tout ce qu'elles pouvaient donner, c'était le double but qu'on se proposait. Ils eussent manqué à l'une des principales prescriptions le professeur ou le maître qui auraient cherché à exercer sur leurs élèves la moindre pression violente. Pour redresser une tenue défectueuse, pour prévenir les infractions à la discipline, la patience, les conseils, la douce persuasion, le langage de la raison, intelligible même au plus jeune âge, quand il est tempéré par la bienveillance et l'aménité, c'étaient là les voies indiquées.

Bien autrement en contact que le professeur avec leurs communs élèves, le maître avait une tâche plus difficile à remplir. Aussi, lui tenait-on plus de compte des difficultés vaincues, de ses justes impatiences dominées, de ses succès obtenus sur des natures ou inconscientes de la règle ou sciemment rebelles à l'autorité. On lui faisait des compliments, la plupart du temps, il faut le reconnaître, peu mérités : « Sans doute, disait-on tantôt à l'un » tantôt à l'autre, vous vous êtes inspiré des maîtres dans » la grande science de l'éducation ? de Quintilien, n'est- » ce pas? qui, à tant de siècles de distance, semble encore » vivant, lorsqu'il recommande au maître qui veut épar- » gner les châtiments à ses élèves, l'assiduité auprès d'eux, » sans exagération et sans impatience (1)? Vous avez » médité Rollin, qui avertit les maîtres « de ne jamais agir

____

(1) Assiduus sit potius quam immodicus.

» par passion, par humeur, par caprice; » — Horace,
» qui donne à son maître, Orbilius, brusque, irascible, vio-
» lent, le surnom bien justifié de « fouetteur, *Plagosus* » ?
» — Cicéron, qui avait confié ses enfants à ce Dionysius,
» emporté jusqu'à la fureur, un affranchi dont pourtant
» il faisait grand cas d'ailleurs, à cause de son savoir et de
» sa probité ? (1). — Sans doute vous avez réfléchi, comme
» le bon Rollin, pour vous incliner devant elles à la fois et
» en éviter l'application, à ces paroles de l'Écriture : « Ce-
» lui qui épargne la verge hait son fils ; mais celui qui
» l'aime s'applique à le corriger.... La folie est liée au
» cœur de l'enfant, et la verge de la discipline l'en chas-
» sera. » On faisait au maître l'honneur de toutes ces
suppositions, et on le félicitait, surtout pour ce cas extrême que Rollin appelle « l'opiniâtreté dans le mal et qui
exige un châtiment corporel, » de recourir à la seule guérite, à cette *ultima ratio,* édictée aussi bien pour les fils
des ducs et pairs que pour ceux des plus simples bourgeois.

(1) « Cicéron fut bien détrompé, dit Rollin, lorsqu'il se fut vu trahi
» par ce lâche et perfide esclave. »

La guérite! C'était sans doute une « géhenne » à l'usage des écoliers d'autrefois. Le patient n'en pouvait guère sortir qu'avec les membres courbaturés, quelque court séjour qu'il y eût fait, quelque habitude qu'il en eût voulu prendre. Cependant, s'il n'était pas suffisamment corrigé en sortant de là, au moins n'avait-il point senti s'appesantir sur lui la main d'un maître emporté par la colère; sa joue n'avait pas eu à rougir sous un humiliant soufflet.

A Sainte-Barbe, la révocation du maître était l'inévitable et immédiate conséquence d'un acte de violente répression commis par lui sur un élève. Aucun de nous ne l'ignorait.

Il ne l'ignorait pas non plus ce collègue plus studieux qu'avisé, qui était entré au collége comme dans un hôtel, où, logé, chauffé, nourri et payé, il comptait se livrer, sans peine et sans distraction, à ses études personnelles: oasis où il se flattait de réaliser, en un temps donné, l'idéal qu'il s'était créé. Laborieux au point où il l'était, il lui avait peu coûté d'aliéner, en échange de cette perspective souriante, une partie des heures de sa liberté. Mais il avait compté sans de jeunes hôtes dont les progrès suivaient les siens de trop loin : à mesure qu'il avançait, ses élèves semblaient rétrograder ; tout au plus les meilleurs demeuraient-ils stationnaires. C'était un factionnaire silencieux, au lieu d'un soigneux répétiteur pour les élèves de sa division, au lieu d'un utile auxiliaire pour le professeur.

Au début tout allait pour le mieux. Maîtres et élèves faisaient exellent ménage ; il y avait un accord parfait, qui, en apparence, promettait longue durée. Les plus mauvais garnements disaient à tout venant : « En voilà un qui est vraiment bon enfant ; pas chien du tout ! » Sur son compte ils ne tarissaient pas en éloges. Mais c'étaient de ces éloges que fuient précisément les maîtres clairvoyants et soucieux de leur intérêt, des compliments dont les chefs connaissent l'exacte valeur. En effet, le travail des élèves baissait, et la discipline était loin de prospérer. Le maître fourvoyé se vit bientôt entraîné à la dérive. Pour remonter le courant, il fit de vains efforts ; pour ramener dans les sentiers de la discipline le petit troupeau dont il pouvait dire, lui surtout, *qui, nisi paret, imperat,* il fit, en pure perte, pleuvoir pensums et retenues. La guérite elle-même, la redoutée guérite, fut prodiguée sans plus de succès. A ces rigueurs multipliées correspondait un crescendo d'indiscipline et de taquinerie. Bref, un jeune perturbateur, atteint de « cette opiniâtreté dans le mal » regardée par le bon Rollin comme le cas extrême qui appelle et justifie un châtiment corporel, mais jamais un de ceux qui humilient, alla plus loin que les autres, et commit une faute où le maître vit une offense personnelle. Son jeune persécuteur avait-il voulu, en le poussant à bout, le faire sortir de la légalité ? En tout cas, il y réussit : un soufflet, bruyamment conditionné, vint aussitôt le lui prouver. La joue qui le recevait était celle d'un fils de duc et pair. Justice ainsi faite à lui-même, le maître alla incontinent prier le directeur de pourvoir à son remplacement. Rendu tout entier à ses chères études, celui qui avait échoué dans la conduite de quelques bambins, obtenait, plus tard, une des chaires les plus enviées et un fauteuil à l'Institut.

XI

M. Victor Paret.

Peu de temps avant la révolution de 1830, un jeune homme de Riom, muni des meilleures références, et qu'une physionomie des plus intelligentes, un regard plein d'expression, l'ensemble de sa personne, recommandaient plus encore, était agréé comme maître à Sainte-Barbe par MM. Nicolle. Il y débutait dans cette modeste fonction en même temps qu'y débutaient, comme élèves, les fils de deux bonnes familles de sa province, les familles de Fla-ghac et de Chevarrier, animées pour lui d'une affectueuse estime, qu'elles étaient sûres tout d'abord de ne point aventurer, et qui ne fit que grandir avec le temps. Dans la même mesure, grandit bientôt pour lui l'estime de ses chefs, qui n'avaient pas tardé à remarquer son esprit d'ordre, sa régularité, une ponctuelle exactitude, et l'excellente discipline que, dès le début, il avait su établir dans sa division. Aucun maître, au moyen collége, n'obtenait plus d'obéissance par sa fermeté, et plus d'affection par d'autres qualités : au collége, comme dans le monde, on n'aime guère, même en les craignant, que ceux qu'on estime et qu'on respecte. S'il faisait fructifier le temps autour de lui, il ne le perdait point pour lui-même : pendant ce premier stage de sa carrière universitaire, il s'efforçait de mériter de l'avancement dans la maison qui l'avait accueilli, où il se sentait apprécié et dont l'esprit répondait à ses meilleures aspirations. Mais l'avancement était lent et difficile dans un collége où ce n'étaient point les sujets capables qui manquaient aux emplois, mais les emplois aux sujets : il fallait lutter de persévérance, et attendre l'occasion propice. Dans cette expectative, Victor Paret travaillait avec ardeur pendant la campagne scolaire, et il réservait à l'Auvergne ses vacances, dont il attribuait une part aux familles de Flaghac et de Chevarrier, reconnaissantes de ses soins affectueux pour leurs fils. La meilleure, il la réservait à sa mère, cet excellent maître étant aussi un excellent fils. Souvent dans les soirées qui étaient à nous, et que nous passions plusieurs ensemble, on rappelait les chères provinces d'Auvergne de Normandie, de Champagne, qu'on ne pouvait visiter qu'une fois l'an : les chemins de fer étaient encore à l'état de rêves, et les congés dans le courant de l'année non encore de surabondantes réalités. Chacun aussi aimait à rappeler son père, sa mère surtout, quand elle était veuve. Victor Paret n'était jamais le dernier à attirer la conversation sur le doux chapitre de la famille absente, ni à compter depuis combien de mois et de semaines on en était privé, combien encore il en fallait pour arriver à la revoir. Chez lui le cœur était au niveau de l'intelligence : il avait de ces élans de tendresse, de ces délicates initiatives d'autant plus charmantes qu'elles étaient inattendues dans un caractère dont la rigidité semblait le trait dominant et même exclusif.

Après avoir été l'auxiliaire utile des professeurs, son tour vint d'être professeur lui-même. C'était un pas de plus, et un grand, dans sa carrière : ce n'était pas le but atteint. Sa persévérance avait triomphé de la première épreuve ; il prenait rang parmi les professeurs ; mais il lui fallait, pour avoir à Rollin une chaire assurée, la consécration universitaire : à cet effet, il devait sortir triomphant du concours d'agrégation, de cet ensemble d'épreuves publiques et contradictoires, institué, comme on l'a vu précédemment, par l'abbé Nicolle, quand il était recteur de l'académie de Paris. Il redoubla d'ardeur : il fut agrégé, puis professeur titulaire dans ce moyen collége où avait débuté, quelques années auparavant, l'humble maître d'études. Bien inspirée, la mère de deux de ses collègues à Rollin, Mme Magin, n'avait pas attendu ce nouveau progrès pour lui donner la plus jeune de ses filles, dont l'aînée était Mme Bouillet; tant elle avait foi en lui, tant elle était sûre par avance du bonheur de cette nouvelle union. Universitaire déjà par ses antécédents, par sa situation acquise, il semblait l'être devenu davantage encore par un lien qui le rattachait si étroitement à des universitaires tels que MM. Bouillet et Magin, et la vive sympathie de sa jeune femme augmentait la sienne, pour une maison où tous deux voyaient une seconde *alma parens*, une providence pour eux.

M. Paret avait porté dans son intérieur la régularité, l'esprit d'ordre, toutes les solides qualités qui faisaient sa distinction personnelle : Mme Paret venait y ajouter un relief qu'elle puisait dans sa propre nature, dans son éducation, dans les exemples qui rayonnaient autour d'ele depuis son enfance. Aussi, lorsqu'on se fut assuré que cet attrayant intérieur pourrait s'ouvrir à quelques élèves de choix, y eut-il concurrence pour obtenir les places disponibles, toujours inférieures en nombre aux postulants, et d'autant plus ambitionnées que, dans cette douce et confortable demeure, si bien située entre le Panthéon et le Luxembourg, elles représentaient, pour les jeunes élus, la vie du collége, celle de la famille, et, dans une certaine mesure, l'initiation à la pratique du monde. Externes au collége, par une exception que justifiait la situation de M. Paret comme professeur, ses élèves particuliers trouvaient chez lui, avec une instruction plus surveillée, avec une éducation plus soignée, toutes les attentions désirables, et une bonne partie du bien-être de la demeure paternelle ; et, dès le jeune âge jusqu'a la fin de leurs études, ils partageaient tous les agréments d'une maison bien fréquentée. Celle-ci tenait au quartier latin par son emplacement et son objet ; mais M. Paret, tout Universitaire qu'il était, avait contracté une telle habitude du monde, où il montrait autant d'aisance que s'il en eût fait son étude et sa pratique de prédilection ; il s'était trouvé si parfaitement secondé par Mme Paret, qui elle-même en avait l'intelligence, le goût, et l'usage dans la mesure observée par les personnes les mieux élevées, que leur salon, leur table, la tenue générale de leur maison, auraient pu être avoués par les arbitres les plus compétents en matière de bonne société. Maintenant, ils pouvaient recevoir et traiter dignement chez eux ces excellentes familles de l'Auvergne qui avaient accueilli et patronné leur jeune compatriote dans ses premiers efforts pour se frayer une voie honorable dans la vie. On rencontrait chez eux des personnalités notables de notre pays, et des étrangers de haute distinction, comme le prince Stirbey, hospodar de Valachie, et la princesse, tous deux tellement satisfaits de l'éducation que recevait là le prince Georges, leur fils aîné, que tous les autres s'y succédèrent, et ayant pris en goût ceux à qui ils devaient cet inappréciable bienfait, au point qu'ils venaient passer des heures entières dans leur salon et s'asseoir parfois à leur table. Oubliant volontiers alors leur principauté, ils montraient des qualités toutes françaises, mêlées à leur mérite national, et qui ne pouvaient manquer, dans un tel milieu, de devenir héréditaires. Elles le devinrent, en effet, à ce point, que le prince Georges s'est fait presque entièrement des nôtres : dans son château de Bécon, il mène, comme on sait, une vie tout à fait française ; il est des nôtres par les meilleurs côtés : aimé de nos artistes autant qu'il les aime, on sait en quelle admiration, en quelle affection tendre et dévouée il a tenu l'un d'eux, le regrettable Carpeaux, dans ce château princier où était reçu à bras ouverts l'éminent artiste : là, il n'y avait pas de Mécène, il y avait un ami. Cette sympathie du prince Georges Stirbey pour les artistes avait pu naître en lui chez M. Paret au temps de son éducation : là, en effet, les artistes étaient en grande considération : l'un des plus distingués, Léon Cognet, y avait fait agréer son fils comme élève, et, dans sa reconnaissance, parfois il venait appendre aux murs du gracieux salon, voisin du Luxembourg, quelque peinture de sa composition, qu'il ne choisissait point parmi ce qu'il appelait ses médiocrités.

Bien vive fut aussi la gratitude d'une autre personnalité parisienne, dont les fils avaient été agréés également par M. Paret, à savoir, M. Cochin, député et maire du onzième arrondissement. Le perfectionnement que l'habile professeur savait donner aux études qu'il dirigeait chez lui, ne fut pas étranger certainement aux succès ultérieurs d'Augustin Cochin, qui renferma de grands mérites dans une courte et enviable carrière, comme s'il se fût senti pressé par la mort : esprit sérieux, élevé, que l'Académie des Sciences morales et politiques s'empressa d'accueillir ; préfet de grande valeur, et qui se serait élevé plus haut s'il avait vécu plus longtemps.

A Rollin, sur ces entrefaites, une fonction administrative des plus importantes était devenue vacante : après de longs et utiles services, M. Ballard-Luzy, préfet général des études, avait pris sa retraite. Qui aurait pu, mieux que M. Paret, le remplacer dans un emploi dont les principales attributions étaient la surveillance des études, le soin de la discipline, et où il fallait tout à la fois du savoir, du tact et de la fermeté? M. Paret l'accepta. Il consentit à échanger contre une responsabilité multiple et de tous les instants, sa vie de professeur, pleine de travail, il est vrai, mais variée par des agréments, des succès et de précieuses heures de liberté, qu'il savait ne devoir plus retrouver en rentrant au collége. Une autre vacance se laissait entrevoir : produirait-elle, en faveur de celui qui était indiqué dès lors pour la remplir, un digne couronnement de sa vie universitaire? Ses amis n'en doutaient pas. Quant à lui, il s'engageait résolument dans son nouveau labeur ; il suivait sa destinée.

Quelques années durent s'écouler avant que la vacance prévue vînt se présenter, c'est-à-dire, avant que M. Defauconpret quittât la direction du collége. Peut-être l'eût-il quittée plus tôt si la transition de l'activité à la retraite ne lui eût été préparée et adoucie par le zèle affectueux du préfet des études, si, grâce à ses soins, il n'eût, encore dans l'une, joui de l'autre par anticipation. Pour recueillir cette importante succession, M. Paret se trouvait indiqué, plus encore qu'il ne l'avait été pour celle du précédent préfet général des études. Le vœu unanime l'appelait à cette suprême fonction, dont il venait de faire un profitable apprentissage. Nul n'aurait osé la lui disputer : nul n'avait des titres équivalents : il y fut nommé, et partout il se vit accueilli comme il le devait être. Ce troisième directeur de Sainte-Barbe-Rollin continua dignement MM. Henri Nicolle et Defauconpret, sous lesquels il s'était formé. Il représentait la tradition ; il était la garantie de son maintien. De la plus humble fonction du collége, M. Victor Paret était arrivé à la plus haute. Il avait avancé et grandi sur place : c'était le vœu accompli de l'abbé Nicolle pour les fonctionnaires de Sainte-Barbe : en cela l'éminent fondateur avait cru vouloir leur bien, tout autant que celui de son établissement. Combien heureux eût-il été s'il avait vu son idéal aussi excellemment réalisé, s'il avait assez vécu pour pouvoir citer cet exemple comme un encouragement !

M. Paret échangea sans regret le sombre appartement du préfet des études contre la maison attribuée au directeur ; demeure peu spacieuse, il est vrai, mais ne faisant plus partie de la grande maison, ayant son mur de la vie privée, et où le bon goût des nouveaux habitants parut avoir bientôt doublé l'espace et la lumière. Là, ils pouvaient se promettre un long séjour, de nombreuses et brillantes visites, de gracieuses réunions qui auraient rappelé les soirées de M. Defauconpret, espérer tout un avenir de prospérité pour le collége et de charme pour eux-mêmes. L'âge, la riche et forte nature de M. Paret semblaient autoriser ces espérances. Deux ans à peine s'étaient écoulés, lorsque la mort vint terminer une direction signalée, dans sa trop courte durée, par une haute intelligence des saines traditions du collége et par un absolu devoûment à ses intérêts.

XII

Quelques élèves parmi les plus notables.

Pour un arboriculteur qui a formé, suivant le plan qu'il s'en était tracé à l'avance, une pépinière dont il attend succès et réputation, c'est déjà une première et très-précieuse récompense de ses efforts, déjà une vive satisfaction, que de voir ses jeunes sujets, en se développant à l'envi, et tout d'abord en prospérant sur place, répondre à son attente. Il se félicite dès lors du terrain qu'il a choisi pour les faire naître, de la culture attentive qu'il leur a prodiguée; et, s'ils lui donnent des fruits sur ce premier sol, il se plaît à conjecturer la saveur de ceux qu'ils porteront, quand ils auront atteint toute leur vigueur sur le sol définitif. Sa joie et sa fierté se décuplent lorsqu'il a constaté la supériorité de ses produits, leurs triomphes fréquents sur ceux d'alentour, et, en fin de compte, la renommée qui vient s'attacher à son établissement. C'était là le but de sa création; c'est maintenant son suprême et légitime contentement.

Lorsque MM. Nicolle frères eurent vu érigée en collége celle des deux institutions de Sainte-Barbe à laquelle était venu se joindre leur nom comme un juste complément du premier, comme une recommandation méritée, ils étaient parvenus à un âge qui leur permettait encore d'assister pendant quelques années aux succès de leur œuvre; ils pouvaient se promettre de fournir un bon nombre de lauréats au Concours général, et de préparer ainsi beaucoup d'heureux débuts dans les professions libérales. Mais l'âge qu'ils avaient atteint l'un et l'autre, surtout M. l'abbé Nicolle, leur ôtait l'espérance de pouvoir connaître même les premières notabilités que leur collége marquerait à son actif, dans la grande arène sociale.

Du reste, sans craindre d'amoindrir l'idéal que s'étaient formé les fondateurs de Sainte-Barbe-Rollin, on peut croire qu'ils ne visaient pas plus à préparer exclusivement, dans leurs élèves, des illustrations pour le pays, que des lauréats pour le Concours général. Se tenant en dehors de prétentions exagérées sur ces deux objets, ils s'attachaient surtout à réaliser, pour la jeune population confiée à leurs soins, un niveau abordable à tous, d'éducation et d'instruction, avec la certitude que, si quelques-uns, par exception, ne pouvaient y atteindre, quelques autres, par exception également, sauraient le dépasser, pour leur honneur et celui du collége. Ce à quoi ils tendaient, c'était, en fait d'éducation proprement dite, à une force moyenne qui élevât ceux-ci sans abaisser ceux-là; et ils surent s'y prendre de telle sorte que les plus aristocratiques de leurs élèves, en rentrant dans leurs familles, n'avaient rien perdu de ce qu'ils en avaient apporté, et que les plus simples plébéiens revenaient chez eux avec un reflet de la bonne société, avec un relief qui ne devait plus les quitter. Ainsi s'établissait, dès les premières années, cette réputation de bonnes manières sans affectation, d'aisance sans laisser-aller, de tenue digne sans fierté, qui permettaient de reconnaître à première vue les élèves de Sainte-Barbe-Rollin.

De ce petit collége, si animé et si joyeux vers l'année 1830, si assidûment visité par les parents, si abondant en promesses pour l'avenir, j'ai nommé quelques élèves; j'ai dit les espérances qu'on se plaisait à lire sur leurs gracieux visages, les premiers symptômes caractéristiques de leur notoriété dans l'avenir. Passons maintenant au grand collége; mêlons-nous, dans sa cour, pendant une récréation, à ces grands, les uns turbulents, les autres paisibles, jouant ou conversant, réfléchis ou folâtres, et révélant déjà leur future individualité. Avant qu'ils quittent le collége, jetons un coup d'œil sur quelques-uns de ceux qui ont formé sa première couche, et qui bientôt iront jeter au dehors les fondements de sa réputation ultérieure.

Qui est cet élève au large front, à l'abondante chevelure, que souvent sa main rejette en arrière; aux grands yeux bleus, qu'une myopie de naissance obligera bientôt de s'aider d'un monocle qui le quittera rarement et qu'il portera avec une inimitable distinction? C'est un jeune patricien, un fils des croisés, un orphelin, titulaire d'un siège de pair de France, qu'il occupera après sa vingtième année, en vertu d'une hérédité dont le principe n'aura plus que peu d'années à survivre. Son regard a quelque chose d'inspiré, et pourtant sa lèvre est sarcastique. Sa voix est vibrante et bien accentuée, ardente et pleine de conviction. C'est le comte de Montalembert. Au collége, où déjà le travail assidu et sérieux s'annonce comme la loi de sa vie, s'il rêve un noble avenir politique, c'est au profit d'une cause qui n'aura pas de plus chaleureux défenseur à la tribune ; ou plutôt il identifie déjà son avenir avec la cause qui lui est chère. S'il étudie l'histoire avec passion, si la légende religieuse le charme, c'est qu'il sent en lui une vocation qui le rendra un biographe attrayant, un éminent historien, toujours dans l'intérêt de la cause à laquelle se sont vouées son intelligence et son âme tout entières. Il n'ignore pas les séduisantes perspectives du monde pour un jeune homme de sa qualité, tous les faciles succès qu'il y rencontrerait : il préfère l'étude sérieuse ; il choisira la vie austère, et la lutte incessante à la tribune, dans le tourbillon du monde, dans le recueillement du cabinet. N'ayant pas vécu au temps de saint Bernard, un idéal pour lui, il s'efforcera d'en raviver les croyances et de les montrer conciliables avec la science perfectionnée, avec la civilisation d'aujourd'hui.

Et cet autre, à la taille élevée, à la démarche aisée et déjà digne tout à la fois ? On remarque sur sa figure une pureté de lignes, une correction d'ensemble, qui peut-être correspondent à la nature de son esprit. Le sourire est fin

et gracieux, expressif à la fois et contenu, la parole mesurée, toute la personne empreinte d'une distinction native
et de bon aloi. Il y a plus de sérieux que d'enjouement
dans cette nature, et une prédisposition fort apparente à
ne pas considérer les choses sous leur aspect frivole. C'est
Désiré Nisard, c'est le futur historien de la littérature
française, maintenant adepte intelligent, et plus tard
judicieux interprète, vulgarisateur habile, des immortels
classiques de la Grèce. Il sera le défenseur de la « littérature
difficile » contre ce roi du feuilleton de l'époque, qui se
constituera le champion de « la littérature facile », un de
ceux qui arrivent à l'Académie par des sentiers fleuris et
sans épines, l'heureux Jules Janin. Désiré Nisard méritera
bien de l'Université, comme chef de la division des
lettres, où il aura pour collaborateur son ancien condisciple L. Bellaguet, puis à l'École normale, comme maître
de conférences. Il deviendra député et sénateur, membre
de l'Académie française, et il portera avec aisance tous ces
honneurs, venus à lui naturellement, par le seul effet de
son mérite. Critique fin et élevé, le plus judicieux et jusqu'à présent le plus complet historien de notre littérature
nationale, flambeau précieux pour son exacte et saine

intelligence, digne enfin que l'Académie lui fasse un accueil empressé, comme au défenseur de son meilleur domaine; qu'elle l'admette jeune parmi les siens, et qu'en ouvrant tardivement ses portes au joyeux représentant de la « littérature facile », elle ajoute ainsi du relief à la victoire de son classique antagoniste.

Près de Désiré Nisard, on peut voir un autre élève qui semble s'inspirer de cet excellent modèle : c'est un de ses frères, Auguste Nisard. Préludant alors aux sérieuses études qui le rendront digne de son aîné, il va obtenir une des plus belles couronnes du Concours général. Ainsi que son frère, il se destine à la carrière universitaire, et le couronnement de la sienne, il le trouvera dans une jeune université, rivale de celle de l'État.

Avec non moins d'éclat, un élève que distinguent son air réfléchi, son allure posée, se prépare à l'enseignement en remportant le prix d'honneur au Concours général : il se révèlera ainsi le digne neveu de l'éminent éditeur des classiques latins, d'Éloi Lemaire, une des imposantes lumières de la latinité classique, comme Désiré Nisard s'en montrera une de la langue d'Homère, de Platon, de Thucydide et de Sophocle. Les Nisard et Hector Lemaire ouvrent la

liste de ceux qui prouveront l'excellence des études réalisées, dès l'origine, à Sainte-Barbe-Rollin, et qui, dans les chaires les plus élevées de l'Université, seront professeurs aussi distingués qu'ils avaient été brillants élèves au collége. A cette première phalange se rattacheront honorablement les deux Daveluy, dont l'aîné ira diriger l'École française d'Athènes, fondée par un habile ministre, M. de Salvandy : « c'est Amédée Daveluy, dont le sa-
» voir, l'amour pour les lettres et les beaux-arts, les conver-
» sations instructives, les réponses immédiates et précises
» à toutes les questions, doublèrent, pour les élèves de
» l'École, les profits intellectuels. » Ainsi l'appréciera un de ses élèves, non le moins éminent, parmi les plus reconnaissants (1). Après avoir prouvé la distinction de son esprit et un savoir étendu comme professeur de Faculté, le plus jeune des Daveluy occupera un des premiers emplois dans l'administration du Sénat, et là, pendant plusieurs années, sa demeure, au palais du Luxembourg, sera le rendez-vous de quelques anciens condisciples devenus ses amis, D. Nisard, de l'Académie française,

_____

(1) *La Science du Beau,* par Ch. Lévêque, membre de l'Institut, professeur au Collége de France ; *Préface.*

Frémy, député, Lascoux, conseiller à la Cour de cassation. Le collége aura formé ces amitiés d'élite, et, quarante ans après, il fournira encore à ces barbistes blanchis par l'âge les plus charmants sujets de leurs entretiens.

Voici un autre élève qui trouvera le principal emploi de sa vie et sa grande distinction dans l'étude de la philosophie : c'est Félix Ravaisson. En considérant cette jeune physionomie, si intelligente et si sereine, on pensera involontairement aux disciples d'Aristote et de Platon, et, plus tard, on ne s'étonnera pas d'apprendre que cet élève prédestiné aura su se faire un digne interprète du premier de ces grands philosophes; qu'ensuite, à l'occasion d'un solennel concours international, l'exposition universelle de 1867, lorsqu'il se sera agi de dresser le bilan de tout le savoir humain, l'adepte de la philosophie ancienne, l'archéologue membre de l'Académie des inscriptions et belles-lettres, se verra jugé le plus apte à remplir cette mission en ce qui concerne la philosophie moderne; et on ne sera pas surpris de le voir constater, avec une compétence magistrale, le degré de vigueur atteint par cette branche éminente de la science. Sans quitter les hauteurs spéculatives où il se sera établi, et en justifiant une fois de plus l'immortelle parole de Platon, que le beau est la splendeur du vrai, Félix Ravaisson, fréquent lauréat des concours de la Sorbonne, plus tard commentateur lucide d'Aristote, puis historien de la philosophie au dix-neuvième siècle, sera un des plus compétents initiateurs aux beautés de l'art, dont il montrera dans l'antiquité la vraie source et les meilleurs modèles ; et il prouvera sa haute intelligence artistique, entr'autres témoignages, par une appréciation parfaite de la Vénus de Milo, par une remarquable puissance d'analyse de ce chef-d'œuvre de l'art grec, et par toutes les inductions, raisonnées et ingénieuses à la fois, que lui auront fournies sa science et son admiration. Enviable carrière ; heureuse existence, à l'abri des tentations et des orages de la politique ! Si la politique tient une place considérable dans la philosophie de ses maîtres Aristote et Platon, Félix Ravaisson en laissera à d'autres, parmi ses condisciples, l'étude ondoyante, les trompeuses séductions, les succès douteux, et les chutes, aujourd'hui surtout, presque certaines.

Avant de puiser à la source impérissable de toute

beauté, avant de s'inspirer, en les contemplant, des chefs-d'œuvre qui en sont sortis, avant de se perfectionner par l'étude approfondie et la méditation, Félix Ravaisson aura reçu, sans mélange, les premiers sucs qui préparent les riches moissons : dans le savant éminent on retrouvera plus tard les doctrines spiritualistes, la direction morale de MM. Bouillet et Poret, professeurs de philosophie à Sainte-Barbe-Rollin, estimables traducteurs, l'un de Plotin, l'autre de sir John Makintosh, et l'on pourra s'assurer que sa vie, consacrée tout entière à la recherche et à la contemplation du vrai et du beau, ne s'écartera jamais du bien. F. Ravaisson sera le plus brillant produit de l'enseignement philosophique à Sainte-Barbe-Nicolle, et il aura eu, dans cette spécialité éminente, un digne cortége : avant lui Ropiquet et Portelette, après lui Zévort et Barni, tous Universitaires, remarquables par leur enseignement, par leurs productions savantes et par de hautes situations.

A ces points de vue, se signalera dans les premiers rangs un autre élève du grand collége, un contemporain des Nisard et des Daveluy, qui, comme eux, se sera dignement préparé à servir le pays dans l'Université. Un regard plein de feu, un tour original dans l'expression, une parole animée, annoncent en lui une autre vocation que celle des méditations philosophiques. Professeur d'histoire dans un des colléges royaux de Paris, au début de sa carrière, il la terminera ministre de l'instruction publique, grand maître de l'Université. Sans rêver une autre fortune que celle de ses collègues Th. Burette, Dumont, Gaillardin, auteurs de modestes « Cahiers d'histoire » à l'usage exclusif des élèves, il s'initiera assez dès lors au passé de la Ville éternelle, pour en devenir l'historien lucide, substantiel et attachant que l'on sait, et pour obtenir un fauteuil à l'Institut.

Déjà, comme récompense d'un ministère qui n'aura pas duré moins de six ans, durée peu commune de nos jours, avec notre tempérament politique, il occupera un siége au Luxembourg. Le lendemain du 4 septembre, le sénateur ne sera plus rien dans le nouvel ordre de choses; mais il demeurera Victor Duruy, un savant de haute valeur, un causeur charmant d'entrain et d'*humour*. Tel du moins il m'aura paru un jour à la bibliothèque du Luxembourg, en me racontant deux émouvants incidents de sa vie. Après un long professorat, il était devenu inspecteur

de l'Université. C'était un digne couronnement d'une carrière laborieuse : il n'en imaginait pas de plus élevé pour
lui. Un jour il reçoit un pli gouvernemental : ce n'est pas
moins que le portefeuille de l'instruction publique qui
vient le surprendre en tournée d'inspection et s'imposer
à lui. On avisait le nouveau titulaire qu'il eût à revenir
en toute hâte pour occuper incontinent l'hôtel de la
rue de Grenelle. « Voilà, me dit-il, comment j'ai été,
bombardé ministre. » — L'autre incident, d'une nature
toute différente, ne fut pas sans une poignante angoisse
pour le savant. Après le départ des Prussiens, en visitant
sa modeste campagne aux environs de Paris, il constate
aussitôt que le vide le plus complet s'est fait dans la
pièce consacrée à ses livres et à ses manuscrits. « Ah!
» monsieur, vous pouvez être sans inquiétude sur leur
» compte, lui dit le gardien de sa demeure : tout cela a
» été emballé avec bien du soin : j'étais là et j'ai pu en
» juger. Vous n'auriez pas mieux travaillé vous-même. »
» — Notez, me dit l'ancien ministre, que c'était, en ce
» qui concernait mes papiers, la partie la plus considé-
» rable, et non encore éditée, de mon *Histoire des Ro-*
» *mains;* ma raison d'être, ma vie désormais. » Heureuse-

ment la paix venait d'être signée, et les précieux colis n'avaient pas encore franchi la frontière. Autrement, quelle douleur pour leur légitime propriétaire et quelle perte pour les amis de l'histoire ! L'une aurait égalé l'autre.

Dans la même classe que Victor Duruy, grandit aussi pour un ministère, pour l'Institut et le Parlement, un élève trop tôt arrêté dans sa carrière. Rival de Duruy au collége, il le devancera de beaucoup dans les hautes fonctions et les dignités : son élévation lui viendra sous un précédent gouvernement. Jeune il s'éteindra, et jeune il se sera rendu une des lumières imposantes de la science administrative, où une production de premier ordre devra faire longtemps autorité et honorer le nom de Vivien, son auteur.

Cette période féconde pour le collége Sainte-Barbe-Nicolle a en germe d'autres notabilités : Alfred Nettement, défenseur fidèle, comme historien et comme journaliste, de la plus noble des causes, et qui rencontrera partout l'estime pour lui-même, à défaut du triomphe pour elle ; Xavier Raymond, judicieux publiciste du *Journal des Débats* ; Alfred Launoy, qui, un des premiers, inaugurera dans la presse française, et non sans danger pour sa vie; quand il suivra nos expéditions militaires, ce mode de correspondance extérieure, de rédaction à la suite, dont quelques grands journaux de l'étranger auront eu jusque-là, sinon le secret, du moins l'habile pratique ; de Noue, sympathique directeur au ministère des travaux publics, aussi utile à un ministre improvisé par une révolution inattendue, qu'à d'anciens administrés, que, sans lui, elle eût renversés.

Et pourquoi ne pas nommer par son vrai nom, son nom de collégien, le titulaire d'une autre direction, nullement officielle, celle-là, un élève qui, au collége, contractera ce tact littéraire, ce bon goût professionnel, auxquels il devra, après avoir été lui-même acteur et auteur, de produire sur la scène nombre de charmantes compositions dramatiques et d'habiles artistes pour les interpréter ? Pourquoi, ici, ne pas rappeler Lemoine, qui, pendant quelque quarante ans, dirigera, sous le nom de Montigny, cet ancien « Théâtre de Madame », obligé d'échanger un nom bien acquis contre un autre essentiellement banal, « Théâtre du Gymnase », en même temps que Sainte-Barbe-Nicolle se voyait enlever le sien?

Cet autre élève,— le duc de Caraman, — consacrera une partie de ses loisirs à écrire l'histoire des révolutions de la philosophie au moyen âge, et il publiera deux volumes de haute critique, où il se montrera écrivain de mérite en demeurant homme de bonne compagnie. Du comte de Rayneval, le *Journal des Débats* se chargera de faire ressortir l'habileté comme diplomate, en profitant de sa précieuse collaboration. Le baron Brenier sera diplomate aussi, et un siège au Luxembourg récompensera ses longs services. Le comte de Niewerkerke devra le même honneur — avec la surintendance des beaux arts — à son fin talent de statuaire. En même temps que Niewerkerke et Brenier, siégera au Luxembourg un autre élève qui pourra se promettre tout d'une amitié souveraine : c'est celui qui sera le général Fleury. Ce n'est pas au palais de Marie de Médicis, mais au palais Mazarin que siégera Natalis de Wailly, un savant archéologue. Dans une autre sphère s'élèveront à la notoriété Armand et Anatole de Melun.

Comme l'art, comme les sciences, comme la politique, la poésie aura ses représentants. Dans la même classe que Niewerkerke on pourra remarquer un homonyme du contemporain qui alors accaparera tout le relief littéraire du nom de Dumas : c'est Adolphe Dumas, l'auteur surabondant de la *Cité des hommes* et du *Camp des Croisés*, deux longs poèmes, auxquels il aura la douleur, adoucie pourtant par quelques applaudissements, de voir préférer une gracieuse pièce de vers de sa composition, qu'il dira en l'honneur de M. Defauconpret, à la fin d'un banquet annuel des anciens élèves de Sainte-Barbe-Rollin. De Rollin aussi sortira une célébrité incontestée, un auteur de charmantes cantilènes, Gustave Nadaud, poète, compositeur et pianiste tout ensemble ; puis Armand Renaud, que recommanderont des poésies dont la note dominante sera, dans quelques-unes, la mélancolie, mais où règneront partout de douces inspirations, le respect de la prosodie, une forme correcte, en ce temps d'incorrection et d'excentricité poétiques.

Alors, au grand collége, il y a de prochaines recrues pour les écoles polytechnique, normale, navale, de Saint-Cyr, et pour toutes les carrières auxquelles aboutissent ces grands établissements. Il y en a pour les ministères, le Parlement, le Conseil d'État. Dans ses rangs, ce dernier corps verra, entr'autres, Cornudet et Herman ; deux noms suffisants pour honorer là le collége qui les a produits.

Ailleurs, de pareilles impressions seront laissées par Gaétan de Missiessy, capitaine de vaisseau, et le comte Hulot d'Osery, contre-amiral ; par Fleutelot et Jolly, qui viendront à Rollin comme professeurs, après s'être distingués comme élèves à Sainte-Barbe-Nicolle ; par de Maleyssie, de Chabot, de Mareuil, de Nollent, de Tournon, de Beausset, de Gramont, de Saint-Paul, Serrurier, de Forbin-Janson, tous dignes, plus tard, de leurs noms historiques, qu'ils auront fait retentir dans les solennités des prix du collége et du Concours général.

Si maintenant nous franchissons le mur qui sépare le grand du moyen collége, et si nous pouvons attacher des noms propres sur les visages de quelques hôtes de ce dernier quartier, où dominent, aux heures des récréations, la vive animation, la folle gaîté, les jeux tapageurs, nous n'aurons nul embarras pour trouver là aussi des germes pleins de promesses, une pépinière de notabilités pour les principales carrières. Nous rencontrerons, entr'autres, Arnould-Sénart, Faurie, Verdet, lauréats du Concours général pour les sciences ; Ackerman, lauréat, lui aussi, du même concours, et qui un jour sera une des personnalités considérables de la Banque de France ; Gojard, à la

Sorbonne, une des gloires du collége, avant de lui faire honneur à l'École polytechnique et ailleurs ; de La Rochefoucauld, de Mauléon, de Montigny, de Maillé, de Narbonne, de Villoutreys, de La Rhoellerie, de La Bourdonnaye, de Villers, tous inscrits au moins sur le palmarès du collége ; de Courpon, que recherchera, à son entrée dans le monde, la plus brillante société parisienne ; du Sommerard, qui aura infuses la science et la passion des objets d'art d'autrefois, et à qui son père, magistrat de profession et archéologue de vocation, prépare une curieuse et enviable succession, la vieille abbaye de Cluny, qu'alors il métamorphose en musée ; Herman et Lechâtellier, futurs ingénieurs en chef, l'un des mines, l'autre des ponts et chaussées, deux lumières, deux autorités spéciales ; Ch. Bénézech, colonel du génie, qui dans une longue et active mission en Perse, saura faire aimer la France, s'y faire apprécier lui-même, et qui, sans tenir compte d'une retraite dignement acquise, ardent comme au sortir de l'École, viendra reprendre du service dans son arme, pour combattre les Allemands sous les murs de Paris.

Là sont aussi les fils de M. de Barante, et trois de leurs parents, d'Amilly, le comte Germain, Anisson-Duperron, fils de trois sœurs de madame de Barante, née d'Houdetot : autant il se produit de fils dans cette nombreuse et brillante famille d'Houdetot, autant il y en a plus tard, comme élèves, pour ce collége, honoré d'une haute confiance par l'illustre historien des *Ducs de Bourgogne* et par tous les siens.

A ce dernier contingent, fourni par la famille de Barante, il faut ajouter les noms suivants, d'ordre également parlementaire ; à savoir : Edouard Girod de l'Ain, fils du général de ce nom et neveu du président du Conseil d'État, un studieux, un travailleur, d'abord chef de cabinet d'un ministre, ensuite député, et soutenant à Paris, comme dans l'Ain, l'honneur de son nom ; Bernard d'Harcourt, Henri de Dampierre, de Brigode, de Cormenin, Gaslonde, Ernest Picard, les frères Bocher, les d'Aboville, les Cochin, les de La Moussaye, des Roys, de Chabrillan, de Saint-Simon, de Perregaux, de Beaufort de Frampas, de Gartempe, de Kerbertin, Lepelletier d'Aunay, de Behague, Gauguier, Desjobert, Porriquet, de Chambrun, Janvier de la Motte, tous noms déjà retentissants ou que leurs jeunes titulaires se chargeront eux-mêmes d'inaugurer dans les Assemblées parlementaires.

12

C'est aussi au Parlement que se distinguera, dans des conditions spéciales, le survivant de deux élèves, exemplaires en tout, de deux frères venus de la Guadeloupe pour étudier à Rollin ; c'est au Parlement que Maurel-Dupeyré prouvera, après les avoir soumis à sa délicate et habile analyse, que les *speeches* parlementaires les plus diffus, les plus soporifiques qu'on puisse rêver, deviennent acceptables, et, parfois, grâce à lui, lisibles avec intérêt, agrément et profit ; c'est au Parlement que sa spécialité professionnelle le rendra, pour les orateurs qu'il aura eu mission d'interpréter sommairement, un modèle de précision et de savante exactitude, et qu'elle lui fournira, chaque jour, l'occasion de leur prouver, à eux comme au public, que les matières les plus positives et les plus arides, peuvent revêtir, sous une main expérimentée, des formes intelligibles à tous, et même littéraires. Les comptes-rendus analytiques des séances parlementaires, signés Maurel-Dupeyré, formeront en effet un ensemble d'excellentes applications du *Ne quid nimis*, et des meilleures leçons pratiques, prises sur le vif à la tribune.

Au moyen collége s'élèvent aussi alors des recrues pour le professorat et pour les hautes fonctions administratives de l'Université, dans un des fils de l'excellent professeur de réthorique M. Rinn, dans Brisbarre, Girard et Zévort. Pour les carrières diplomatique et consulaire, c'est là que grandissent, en même temps que Henri Fournier, déjà mentionné, Charles d'Astorg, Denoix, Jules de Saulx, tous estimés, tous sympathiques, le dernier surtout, par son mérite personnel et par celui de l'artiste distinguée à laquelle il se sera uni et qui aura la douleur de voir cette union brisée avant le temps. La langue arabe ouvrira à Caussin de Perceval les portes de l'Institut; Alfred Tugault, membre de la Société asiatique, se fera remarquer par des publications sur la langue de la Malaisie; Cottereau, dans les sciences naturelles, dont il n'aura manqué aucun prix au collége; Félix Bourquelot, par l'exploration de nos anciennes chartes, et par des publications qui en seront les judicieux produits; dans la grande industrie, Christofle et Lebaudy; dans la spécialité pharmaceutique, Pierre Lamouroux, qui paraîtra démocrate modéré dans une assemblée municipale où l'on connaît sans doute la modération, mais où elle est peu pratiquée; dans l'administration préfectorale et dans la direction gouvernementale de la presse, Anatole de la

Forge, gentilhomme de vieille roche et républicain de la veille, écrivain de conviction, et défenseur de son pays, les armes à la main, aux jours néfastes de l'invasion, un caractère, à une époque où l'on se plaint, non sans raison, de la rareté des caractères.

Enfin, si, revenant à notre point de départ, nous jetons encore quelques regards sur ce petit collége, que nous avons visité déjà, et avec plus de détail, avant Juillet 1830, nous le voyons préparer aussi, dans les rangs de la plus simple bourgeoisie comme dans ceux de la haute aristocratie, des notabilités pour l'avenir. Ses éléments sont maintenant plus mêlés qu'ils ne l'étaient dix ans auparavant; et pourtant on remarque, à la distribution des prix qui clot la période où se renferme cette excursion à travers le passé de Sainte-Barbe-Rollin, que les dernières couronnes décernées dans le petit collége le sont à deux élèves dont l'un s'appelle de Bauffremont, un descendant des plus illustres croisés, et l'autre, Joachim Murat, un petit-fils de roi. Mais à côté de ces grands noms historiques, on en voit surgir d'autres jusque-là obscurs, pour qui la notoriété va commencer; et, plus tard, si on se rappelle les avoir déjà entendu nommer comme lauréats de collége, on s'étonnera moins peut-être, après cette première reconnaissance, de les voir arriver au grand jour. Tout sert à l'illustration définitive d'un nom, même ces premiers retentissements qu'il a produits dans une modeste enceinte universitaire, au milieu d'une assemblée sympathique, réunie pour applaudir de jeunes vainqueurs et avec la volonté de se souvenir.

A cette époque (1837-38), le petit collége compte parmi ses bons élèves Guélaud, Maigret, Marquis, Mercier, qui seront, comme leurs pères, de grands industriels parisiens; Paul Firino, qui, après avoir partagé son existence entre les brillantes entreprises financières, le libéral emploi d'une grande fortune et la pratique du *high life*, saura recueillir, et conserver jusqu'à la tombe, les plus hautes sympathies. Charles Rigaud et Louis Roland-Gosselin, fidèles à leurs traditions de famille, prendront rang parmi les plus honorés des agents de change. Alors, Paul Defauconpret, l'aîné des fils du directeur, donnera à son père la joie de le compter au nombre des lauréats du collége, en attendant qu'il occupe un poste de haute confiance dans l'administration centrale des finances de l'État.

Entre les studieux par excellence, les moins turbulents, les plus récompensés, on se plaît à remarquer un élève, qui, plus tard, après s'être distingué à l'École des chartes, où ses goûts, d'heureuses études universitaires et de savants travaux archéologiques avaient semblé devoir le fixer, puis au conseil municipal de Paris, souvent éclairé de ses judicieux rapports, se verra appelé au conseil d'État, non point par le bon plaisir d'un ministre, mais par le choix raisonné et délibéré de l'Assemblée nationale : à ces traits, les survivants de ses condisciples de Rollin reconnaîtront facilement Charles Tranchant.

C'est aussi un travailleur exemplaire et plein d'avenir que celui qui alors dispute à Ernest Beulé les prix de leur commune classe. A le voir si zélé, si attentif, on dirait que de son travail il attend, non seulement pour lui-même, mais pour les siens, les choses nécessaires à la vie : un opulent patrimoine l'attend, au contraire. Mais, étant né laborieux, il obéit à sa nature, et son travail fructifiera en considération et en honneur pour lui, Émile Gaudin, tour à tour diplomate, conseiller d'État, député, le digne gendre enfin de M. Delangle, d'un homme qui a tenu sa haute fortune de son travail et de son intelligence, qui ayant débuté par les plus modestes fonctions à Sainte-Barbe-de-Lanneau, a su s'élever aux premières magistratures de son pays et au ministère de la justice.

Une fortune plus rapide encore attend le jeune rival d'Émile Gaudin. Avec ses grands yeux noirs, ses traits réguliers, un caractère plus sérieux que ne le comporte l'enfance; froid en apparence, ardent en réalité, et sachant déjà comprimer une nature passionnée, que soupçonneront tout au plus quelques-uns de ses maîtres; recueillant avec impassibilité louanges et couronnes, et ne les tenant que pour autant d'obstacles franchis avant le but à atteindre : tel sera au collége Ernest Beulé, « l'heureux Beulé » comme le qualifiera Sainte-Beuve, sans avoir aucunement soupçonné sa fin, sans s'être rappelé la pensée de Sophocle (1), si bien reproduite par Ovide :

> . . . . Ultima semper
> Expectanda dies homini est, dicique beatus
> Ante obitum nemo supremaque funera debet (2).

Heureux en effet, comme il s'en rencontre peu, appa-

(1) Sophocle : *Les Trachiniennes ;* acte 1, v. I
(2) Ovide : *Métamorphoses :* Actéon.

raîtra Beulé, jusqu'au jour où, ayant à choisir entre deux portefeuilles ministériels, il acceptera le moins approprié à ses antécédents, le moins fait pour ses éminentes qualités. Après sa retentissante découverte à l'Acropole d'Athènes, le succès sera pour lui comme un fidèle et docile compagnon; une renommée grandissant toujours semblera sa raison d'être. Mais ce brillant fils de ses œuvres, ce favori, en apparence, inébranlable, de la science et de la fortune, ne survivra que quelques jours à un premier échec dans la politique, où lui aussi aura voulu avoir un rang, laissant à conjecturer si sa main, en s'armant contre lui-même, n'a point cédé au même vertige qui arma celles du comte Bresson à Naples et de Prévost-Paradol à Washington. Ce qu'il y a de moins équivoque, c'est que la passion de la politique a atteint et troublé ce cerveau si bien organisé pour d'autres spécialités; c'est que le membre de deux classes de l'Institut, le secrétaire perpétuel de l'Académie des beaux-arts, le titulaire d'une chaire des plus enviées, s'était formé un idéal nouveau; c'est que, l'archéologie et l'esthétique ne lui suffisant plus, il avait rêvé l'auréole que donne quelquefois, ou plutôt que vend chèrement la politique. En somme, la passion de la science pour elle-même a fait défaut à Beulé pendant ses dernières années, et, par suite, cette longévité qui est une des conséquences, heureusement fréquentes, du culte exclusif qu'elle reçoit.

Tout en comptant Beulé parmi les gloires du collège où il a étudié, ce n'est pas en lui qu'on peut reconnaître une de ces intelligentes, placides et heureuses natures sans autre ambition que celle de la science, un des produits les plus caractéristiques de Sainte-Barbe-Rollin, tels que se sont montrés de Sénarmont, Ravaisson, les Sainte-Claire Deville, Puiseux, tels encore que Désiré Nisard et Victor Duruy, à la vie desquels est venue se mêler la politique, plutôt qu'ils ne sont allés vers elle.

Voilà les vraies gloires du collège dans ses premières années; voilà ceux qui ont contribué à fonder ou à entretenir sa réputation en France, et qui l'ont propagée à l'étranger, d'où il a vu venir à lui, comme premières recrues, les princes Wolkonski de Russie et Soutzo de Grèce, les comtes de Mérode et Vilain XIV, de Belgique, un grand d'Espagne, le marquis de Bedmar. Français et étrangers, tous se sont félicités d'avoir vécu leurs meilleures années dans cette maison propice, et beaucoup lui ont confié leurs fils, sollicitant pour eux l'éducation qu'ils y avaient reçue eux-mêmes. Aucun de ceux que j'ai pu rencontrer dans la suite, et entretenir des heures passées au collége de la rue des Postes, aucun ne m'a semblé les regretter comme des heures gaspillées et perdues ; aucun n'avait oublié ce vers latin que tous pouvaient lire plusieurs fois par jour, en caractères très-apparents, sous le cadran de l'horloge qui dominait les préaux des trois colléges :

Nulla fluat cujus non meminisse juvet.

« Qu'il ne s'en écoule aucune que vous n'aimiez à vous » rappeler. »

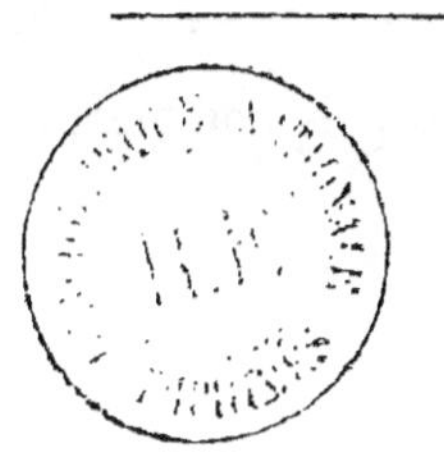

TABLE

Meulan, imp. de A. Masson.